Kurt Hochstuhl

Schauplatz der Revolution in Baden
Gernsbach 1847 - 1849

Kurt Hochstuhl

Schauplatz der Revolution in Baden
Gernsbach 1847 - 1849

Casimir Katz Verlag

Hochstuhl, Kurt:
Gernsbach 1847 - 1849: Schauplatz der Revolution in Baden
Kurt Hochstuhl. - Gernsbach: Katz, 1997
ISBN 3-925825-68-1

© Casimir Katz Verlag, Gernsbach 1997
Gestaltung & Produktion: Anna Jansen, Frank Menge
Druck: Engelhardt & Bauer, Karlsruhe
Titelmotiv: „Gefecht zu Gernsbach am 29.Juni 1849"
　　　　　　im Besitz der Stadt Gernsbach
Printed in Germany

Vorwort

Jene für die demokratische Entwicklung Deutschlands so entscheidenden Ereignisse der Jahre 1847 bis 1849 fanden in der badischen Revolution ihren am heftigsten umkämpften Schauplatz. Dabei kam der Stadt Gernsbach im Verlaufe dieser Auseinandersetzungen ein nicht unwesentlicher Platz zu.

Mit dem vorliegenden Buch des Baden-Badener Historikers Dr. Kurt Hochstuhl ist es in überzeugender Weise gelungen, diese revolutionäre Zeit mit all ihren Auswirkungen auf das tägliche Leben der Gernsbacher Bevölkerung wieder erstehen zu lassen. Die Forderungen des Offenburger Freiheitsfestes und die Verabschiedung der Reichsverfassung des Frankfurter Parlamentes wurden im intellektuellen Kreis der Lesegesellschaft im Gasthaus zum Badischen Hof, auf den Straßen und in den Familien Gernsbachs leidenschaftlich diskutiert. Der Kampf um die Errungenschaften der Demokratie machte vor den Toren unserer vermeintlich biedermeierlich ruhigen Stadt nicht halt, sondern fand gerade hier entschiedene Verfechter und Mitstreiter.

In einer bisher nicht dagewesenen Weise, so zeigt der Autor, war die Bevölkerung Gernsbachs mit ihren bescheidenen Möglichkeiten eingebunden in den fast aussichtslosen Kampf der revolutionären Entscheidungsträger gegen überkommene, an der alten Ständeordnung festhaltende Herrschaftsverhältnisse. Umso mehr muß es erstaunen, mit welcher Geschwindigkeit und mit welcher Begeisterung die demokratischen Ideen Zustimmung fanden und in kurzer Zeit zur Gründung des Turnvereins, des Sport- und Vaterländischen Vereins führten. Bisweilen stoßen die Unversöhnlichkeiten der politischen Überzeugungen mancher Gernsbacher aufeinander, werden aber auch Sehnsüchte und Ziele, die Entscheidungen oder auch Zweifel verständlich und nachvollziehbar.

Unter dem Druck der politischen Ereignisse entwickelte sich Gernsbach zum zentralen Sitz der militärischen und politischen Verwaltung des Murgtales und sandte sein Aufgebot einer nur unzureichend ausgerüsteten und versorgten Mannschaft an die

Kriegsschauplätze im badischen Unterland. Die zunehmende Radikalisierung der Revolution fordert das bedingungslose Engagement im Eintreten für deren Ziele, zeigt aber auch die Unsicherheit und das zögerliche Verhalten einzelner. In minutiöser Weise verfolgt der Autor die dramatischen Ereignisse und die Zuspitzung der militärischen Situation am 29. Juli 1849. Im Gefecht um Gernsbach geht die Hoffnung auf Demokratie angesichts sechs gefallener Einwohner, vieler Verwundeter und Obdachloser, der Zerstörungen und der Besetzung der Stadt durch preußisches Militär vorerst verloren.

Dennoch blieben Freiheit und Demokratie letztlich keine Träume unserer Vorfahren, eingegraben auf Gedenksteinen für die Gefallenen jener Tage. Die politischen Ideale nahmen zwar lange und schmerzliche Umwege, bis sie 1949 in der Verabschiedung des freiheitlich demokratischen Grundgesetzes aufgenommen werden konnten. Dieser Tradition fühlen wir uns verpflichtet. Das hier vorgelegte Buch von Dr. Kurt Hochstuhl weist in sehr anschaulicher und historisch fundierter Weise darauf hin. Der „Traum von der Freiheit", für den Gernsbacher Bürgerinnen und Bürger ihr Leben eingesetzt haben, konnte so doch noch Wirklichkeit werden.

Gernsbach,
im Oktober 1997

Dieter Knittel
Bürgermeister

Herwegh, du eiserne Lerche,
Mit klirrendem Jubel steigst Du empor
Zum heiligen Sonnenlichte!
Ward wirklich der Winter zunichte?
Steht wirklich Deutschland im Frühlingsflor?

Heinrich Heine, 1842

Einleitung

„Man sieht, die rote Farbe hat hier ihren historischen Boden". So charakterisierte H.W. Riehl 1852 die besondere Rolle, die der deutsche Südwesten in den revolutionären Bewegungen der Jahre 1848 und 1849 gespielt hatte. In der Tat manifestierte sich in der äußersten Südwestecke des Deutschen Bundes am längsten und am konsequentesten jener „Traum von der Freiheit", der mit der Übergabe der von den Revolutionären gehaltenen Bundesfestung Rastatt am 23. Juli 1849 so jäh enden sollte.

Mehrere, für die Herausbildung republikanischer Grundmuster und demokratischer Verhaltensweisen überaus günstige Konstellationen waren es, die dies ermöglichten. Das Rheintal und von ihm ausgehend die Einzugsbereiche von Main und Neckar gehörten 1848 zu den infrastrukturell und verkehrstechnisch am besten entwickelten Gebieten. Flußdampfschiffahrt, leidliche Verbindungsstraßen und das modernste Verkehrsmittel der Zeit, die Eisenbahn, hatten die südwestdeutschen Länder praktisch schon zu einem Großraum zusammenwachsen und länderübergreifende politische Kultur- und Kommunikationsräume entstehen lassen, die geradezu prädestiniert waren, die neuen fortschrittlichen Ideen von Freiheit,

Einheit und sozialer Gerechtigkeit zu transportieren. Die räumliche und historische Nähe zu Frankreich und der Schweiz, beides Nationen mit konstitutionellen und demokratischen Traditionen, hatte die Sehnsucht der rechtsrheinischen Bevölkerung nach Erringung der Freiheit sicherlich eher gefördert als gehemmt. Darüber hinaus trug die konstitutionelle Staatsverfassung der süddeutschen Staaten die Keime einer zukünftigen bürgerlich-demokratischen Entwicklung bereits in sich, hatte sie doch wesentlich zur selbstbewußten Konstituierung des Bürgertums als politischer Schicht beigetragen und damit dessen Anspruch auf Gleichberechtigung mit den traditionell führenden Schichten des Adels und seine Teilhabe am öffentlichen Leben hervorgerufen.[1]

Zu diesen politisch günstigen Rahmenbedingungen kam die in den 40er Jahren überall spürbare soziale Notlage der ärmeren Schichten hinzu. Mißernten und daraus resultierend der hohe Anstieg der Lebensmittelpreise führten nicht nur zur letzten traditionellen Hungerkrise des 19. Jahrhunderts, von der vor allem die "kleinen Leute", Taglöhner, Arbeiter und Handwerksgesellen betroffen waren. Verschiedene "Hungerkrawalle" in den Städten waren sichtbarer Ausdruck ihrer existentiellen ökonomischen Bedrohung. Aber auch Handwerker und kleine Gewerbetreibende, ja selbst Landwirte sahen sich in der Defensive. Hatten bei ersteren Zollunion, Aufhebung der Zunftverfassung und Einführung der Gewerbefreiheit zu einer deutlichen Verschärfung des Konkurrenzkampfes geführt, dem viele Kleinbetriebe zum Opfer fielen, gerieten letztere durch die Verteuerung des Saatguts in eine schier ausweglose Schuldenspirale, was sich an der starken Zunahme der Zwangsversteigerungen dokumentieren läßt. Die erste große Auswanderungswelle nach Nordamerika im Gefolge der Notjahre 1845-1847 wirkte nicht in dem Maße als Ventil, so daß sich in den Reihen des Handwerks und der kleineren Landwirte ein Unruhepotential ansammelte, das bei einem inneren oder äußeren Anstoß durchaus revolutionäre Züge annehmen konnte.[2]

Dieser Anstoß wurde, wie so oft in den zurückliegenden Jahrzehnten, von Paris gegeben. Am 24. Februar 1848 hatten Studenten und Arbeiter das Palais Royal gestürmt, waren in den Sitzungssaal der französischen Kammer eingedrungen und hatten die Proklamation der Republik erzwungen. Der 1830 eingesetzte Bürgerkönig Louis Philippe wurde zum Rücktritt gezwungen. Kaum hatte sich diese Nachricht in der äußersten Südwestecke verbreitet, erfuhr die gesamte liberale Bewegung einen gewaltigen Auftrieb. Bereits am 12. September 1847 hatte sie in einer Versammlung im Offenburger Gasthaus zum Salmen ihr zukünftiges Programm entwickelt, das politisch-demokratische Forderungen wie die *Entwicklung unserer Verfassung* mit solchen nach sozialer Gerechtigkeit, *Ausgleich des Mißverhältnisses zwischen Kapital und Arbeit*, verband. In zahlreichen Volksversammlungen wurden Ende Februar, Anfang März 1848 die Vorstellungen der Liberalen weiterentwickelt und deren sofortige Umsetzung gefordert. Trotz Teilerfolgen - so wurden einige Forderungen in der badischen Kammer bereits Anfang März bewilligt - ist es zu einer Republikanisierung der deutschen Länder im Gefolge der revolutionären Ereignisse in Frankreich nicht gekommen. Daran konnten auch die beiden Aufstandsversuche der bekanntesten Führer der republikanischen Bewegung, Friedrich Hecker im April und Gustav Struve im September des Jahres 1848, nichts ändern. Trotz spektakulärer Einzelerfolge - so starb der Befehlshaber der Regierungstruppen General von Gagern am 20. April 1848 unter den Kugeln der Aufständischen - brachen diese Versuche schnell in sich zusammen.

Im Gegensatz dazu übertraf die badische Revolution des Frühsommers 1849 in vielfältiger Weise die revolutionären Aktionen des vorangegangenen Jahres. Hinsichtlich ihrer geographischen Ausdehnung, der Zahl der Beteiligten, des zumindest kurzfristigen Erfolges der Bewegung, der Schärfe der militärischen Aktionen, der politischen Wirksamkeit der Revolution inklusive deren Nachwirkungen bis in unsere Tage, steht sie konkurrenzlos unter den populären Aufstandsbewegungen der deutschen Geschichte. Mit der bei der Offenburger Volksversammlung vom 13. Mai 1849 erhobenen Forderung nach Absetzung der großherzoglichen Regierung in Karlsruhe und der doch letztlich überraschenden Umset-

Schauplatz der Revolution in Baden

zung dieser Forderung am darauffolgenden Tag, übernahm in Baden als einzigem Gliedstaat des Deutschen Bundes die revolutionäre Gewalt die laufenden Regierungsgeschäfte; und das für immerhin sechs Wochen, bis zum 25. Juni 1849, dem Tag, an dem preußische Truppen in Karlsruhe einmarschierten und die revolutionäre Regierung ins badische Oberland sich flüchten mußte.[3]

Die großen Eckdaten dieses europäischen „Völkerfrühlings" und der sich daran anschließende heldenhafte Kampf für ein einiges und freies Deutschland gehören heute zum Bestandteil der demokratischen Traditionen unseres Landes. Es scheint daher nicht geboten, das große Geschehen in Baden in seinem nationalen und internationalen Zusammenhang zu untersuchen, zumal darüber monumentale Werke seit einigen Jahrzehnten vorliegen.[4] Vielmehr ist es angebracht, sich den Begebenheiten vor Ort zuzuwenden und dadurch die zweifelsohne vorhandenen Lücken im Detail aufzufüllen. Denn Antworten auf die vielfältigen Fragen nach Ursachen, Durchsetzung und Wirkung der Revolution, nach der Durchschlagskraft ihrer Parolen, nach ihrer Mobilisierungsfähigkeit und ihrem Begeisterungspotential, d.h. inwieweit und wie lange sich die sogenannte schweigende Mehrheit vom revolutionären Feuer hat entflammen lassen, erhalten wir in der Regel nur durch die Mikroanalyse. In der lokalen Überlieferung tauchen jene Menschen als quellenmäßig faßbare Individuen auf, die zu der fröhlichen Masse derer gehörten, die die Offenburger Volksversammlung zu einem grandiosen Fest werden ließen, die voller Begeisterung zur Verteidigung der Errungenschaften der Revolution zur Waffe griffen, die jedoch auch als Geschlagene in ihre Heimat zurückkehrten und nach der Revolution Verdächtigungen und Verfolgungen ausgesetzt waren. Lokale bzw. regionale Geschichtsschreibung intendiert so immer auch einen doppelten Zweck. Zum einen erweitert sie unser Wissen über Vorgänge aus der Vergangenheit der Region, in der wir leben, zum andern fügt sie dem großen Mosaik *die vielen kleinen und oft verschieden eingefärbten* Steinchen hinzu, *aus denen sich letztlich das Kolossalgemälde zusammensetzt*, das unser Geschichtsbild prägt.[5]

Gernsbach 1847 - 1849

Warum gerade Gernsbach? Ein Charakteristikum der badischen Revolution der Jahre 1847 bis 1849 ist ihre "Popularität", sowohl im numerischen wie auch geographischen Sinne. Kaum ein Dorf, keine Stadt, die nicht in irgendeiner Weise an den politischen Auseinandersetzungen der Zeit bewußt teilnahmen und sich in die Diskussionen einbrachten. Natürlich hatte die demokratische Bewegung ihre Schaltzentralen, wurden z.B. in Mannheim, dem Sitz der landesweiten Volksvereinsorganisation, Entscheidungen gefällt, die nachhaltige Auswirkungen auf den weiteren Verlauf der Ereignisse in Baden haben sollten. Tatkräftige Förderung, ja entscheidende Impulse erhielt dieser Prozeß allerdings durch die vielen kleinen und mittleren Zentren in ganz Baden, in denen sich die demokratisch-liberale Bewegung in diesen Jahren einen festen Platz im politischen Spektrum hatte erobern können. Diese Zentren trugen zur Massenhaftigkeit der Bewegung als wichtigste Voraussetzung für einen zumindest temporären Erfolg der Revolution Wesentliches bei. Einer dieser Orte mit Mittelpunktsfunktion war Gernsbach, der Hauptort des Murgtals und Sitz eines badischen Bezirksamtes.

Bei Gernsbach, und dies ist der eigentliche Grund für dieses Buch, kommt der glückliche Umstand hinzu, daß die Quellenlage im Vergleich zu anderen Amtsstädten vergleichbarer Größe geradezu hervorragend zu nennen ist. Die strafrechtliche Bewältigung der Revolution des Frühsommers 1849 war am 27. Juni 1849 durch das großherzogliche Staatsministerium dem konservativen Kammerabgeordneten Geheimrat Schaaff als Generalkommissar übertragen worden. Ihm standen in den einzelnen Kreisen und Amtsbezirken Landes- und Zivilkommissare zur Verfügung, die sich mit polizeilichen Befugnissen ausgestattet der *Pazifizierung*, d.h. Wiederherstellung der alten Verhältnisse, widmeten. Sie arbeiteten eng mit den jeweiligen Bezirksämtern zusammen, in deren Registratur die von den Zivilkommissaren geführten Untersuchungsakten zusammengeführt wurden. Bei der im Oktober 1849 erfolgten Übertragung der Untersuchung der Hochverratsfälle in die Zuständigkeit der ordentlichen Strafinstanzen, d.h. in die der Bezirksämter, konnten die bei den Zivilkommissaren erwachsenen Akten weitergeführt werden. Sie dienten als Ermittlungsunterlagen für die juristische Würdigung der Teilnahme des einzelnen an den *hochverrätherischen Unternehmungen*, die vor dem Hofgericht des Mittelrheinkreises in Bruchsal bzw. dem Oberhofgericht in Mannheim als Revisionsinstanz erfolgte.

Nach Abschluß der Gerichtsverfahren und der sich daran anschließenden Schadenersatzforderungen wurden die Akten für die laufende Verwaltungstätigkeit nicht mehr benötigt. Bei der 1857 erfolgten Einrichtung von Amtsgerichten und der gleichzeitigen Trennung der erstinstanzlichen Zuständigkeit in zivil- und strafrechtlichen Fällen von der allgemeinen Verwaltungstätigkeit,[6] gelangten diese Unterlagen komplett in die Registratur des neu eingerichteten Amtsgerichts Gernsbach. Von dort kamen sie im Jahre 1902 ins großherzogliche Generallandesarchiv nach Karlsruhe, wo sie unter der Bestandssignatur 268 Zug. 1902/33 akzessioniert wurden. Im Gegensatz zu anderen Bezirksämtern und Amtsgerichten, die sich häufig mit unkontrollierten Aktenvernichtungen von ihren Altunterlagen getrennt haben, verfügen Gernsbach und sein Amtsbezirk somit über eine geschlossene Überlieferung der lokalen Untersuchungsakten, die - partiell bereits benutzt - bislang noch nicht systematisch ausgewertet wurden. Grund genug also, sich dieser Aufgabe zu widmen!

Am Vorabend der Revolution: Gernsbach im Jahre 1848

Gernsbach, seit der Aufhebung des badisch-speyerischen Kondominats im Jahre 1803 badische Amtsstadt, unterschied sich in seiner Sozialstruktur kaum von vielen badischen Kleinstädten in der Mitte des vorigen Jahrhunderts. Ackerbau und Handwerk waren - quantitativ gesehen - die beiden wichtigsten Erwerbszweige in der Stadt, die Mitte der 40er Jahre noch weitgehend dörflichen Charakter aufwies. Gernsbach hat, so wußte das "Universal-Lexikon vom Großherzogthum Baden" im Jahre 1844 zu berichten, *in 304 Häusern und 457 Familien (mit Schloß Eberstein und den Höfen Weinau und Wallheim) 1381 evangelische, 821 katholische und 37 israelitische Einwohner. Man treibt hier Feld- und Weinbau sowie Viehzucht, und 211 Meister betreiben verschiedene Handwerke, von welchem wir als sehr geschickt nennen: 2 Büchsenmacher, 1 Siebmacher, 1 Uhrenmacher, 1 Messerschmied, 1 Zeugschmied, 3 Feilenhauer, 2 Gürtler, 1 Goldarbeiter, 3 Klaviermacher, 2 Kupferschmiede, 4 Tapezierer; ferner: 4 Tuch- und 4 Spezereihandlungen.*[7] Die Bewohner der Stadt wie des Amtes wurden als *meistens stark und gesund* gerühmt; sogar in *moralischer Hinsicht* mußte man ihnen Lob zollen, *obwohl man unter den Flössern viele Rohheit anzutreffen pflegt.*

Zum Amtsbezirk gehörten neben Gernsbach noch 18 weitere Gemeinden - Forbach, Michelbach, Ottenau, Selbach, Weisenbach, Freiolsheim, Au, Bermersbach, Gausbach, Hilpertsau, Hörden, Langenbrand, Lautenbach, Obertsrot, Reichental, Scheuern, Staufenberg und Sulzbach -, mit einer Gesamtzahl von knapp 14.000 Einwohnern. Als Hauptort der Murgtäler Holzflößerei und gleichzeitiges Marktzentrum für das Bezirksamt und das gesamte obere Murgtal besaß die Stadt ihre eigene wirtschaftliche Bedeutung. *Die hiesige Schiffergesellschaft treibt großen Handel mit Holz, und viele Einwohner erhalten dadurch ihre Nahrung,* so das schon zitierte Universal-Lexikon. Spätestens seit dem 17. Jahrhundert hatte sich aus der Gruppe der in der Murgschifferschaft organisierten Holzhändler und Schiffer eine fest abgegrenzte bürgerliche

Schauplatz der Revolution in Baden

Oberschicht herausgebildet, die zusammen mit den hier ansässigen höheren Beamten die politischen, wirtschaftlichen und gesellschaftlichen Geschicke der Stadt seit beinahe zwei Jahrhunderten leiteten.[8]

Aus ihrer Mitte heraus bildete sich am 22. Dezember des Jahres 1847 eine Lesegesellschaft, die sich im Nebenzimmer des Gasthauses zum Badischen Hof ein allen Mitgliedern zugängliches Lesezimmer einrichtete und die den Zweck hatte, belehrend und unterhaltend zugleich zu wirken. Es waren dies:[9]

Casimir Griesbach, Schiffer
Otto Wieland, Schiffer
Dr. Franz Kürzel, prakt. Arzt
Heinrich Sonntag sen., Apotheker
Engelhard Sonntag jun., Apotheker
Wilhelm Grötz, Schiffer und Gemeinderat
Benedikt Grötz, Schiffer
Wilhelm Seyfarth, Gemeinderat
Wilhelm Katz, Stadtpfarrer
Friedrich Kayser, Diakon und Leiter der
  Gernsbacher Lateinschule
Gustav Wallraff, Wirt des Badischen Hofs
David Keller, Oberlehrer
Benedikt Kaufmann, Handelsmann
Ludwig Gaugg, Handelsmann
Heinrich Dreyfuß, Goldarbeiter
Emmanuel Dreyfuß, Eisenhändler
F. Robelt, Schiffer
Oskar Feill, Schiffer
Friedrich Ofterdinger, schifferschaftlicher Buchhalter
Christian Bucherer, Schiffer
v. Kettner, Oberforstmeister
Casimir Katz jun., Schiffer
Madame Dr. H. Keller, Witwe
Madame Seis, Witwe
Madame J. Kast, Witwe

Gernsbach 1847 - 1849

Wie hier auf dem Bild von J.P. Hasenclever trafen sich auch in Gernsbach die Mitglieder der Lesegesellschaft regelmäßig zum politischen Meinungsaustausch.

Die Anregung zur Gründung einer solchen Gesellschaft ging von Dr. Franz Kürzel aus, der seit einigen Jahren in der Stadt als Arzt praktizierte. Sie war ein Zusammenschluß *hiesiger und auswärtiger Einwohner, welche Belehrung und Unterhaltung* suchten und diese im Halten und Lesen politischer und belletristischer Schriften zu finden trachteten. In den mindestens dreimal im Jahr stattfindenden Generalversammlungen sollte die Anschaffungspolitik der Gesellschaft beraten und in demokratischer Weise per Abstimmung entschieden werden. Eine Generalversammlung war ausschließlich der Kassen- und Rechnungsprüfung vorbehalten. Zur Umsetzung der Beschlüsse wurde ein Verwaltungsrat institutionalisiert, der aus dem Vorstand, dem Gesellschaftssekretär, der zugleich Schriftführer war, dem Bibliothekar, dem Kassier sowie drei Ersatzmännern bestand. Die Amtsdauer des Verwaltungsrates betrug ein Jahr. Zum Vorstand der Gesellschaft wurde auf der Gründungsversammlung ihr Initiator, Dr. Kürzel, gewählt, der dieses Amt bis zur offiziellen Auflösung des Vereins im Juli 1849 ausüben sollte.

Die Gesellschaft unterschied drei Arten von Mitgliedern: Die ordentlichen Mitglieder mußten einem selbständigen Erwerb nachgehen und in Gernsbach ihren dauernden Wohnsitz haben; außerordentliche Mitglieder waren diejenigen, die diese Bedingungen nicht erfüllten. Die *Witwen und Damen* als dritte Kategorie von Mitgliedern besaßen kein Stimmrecht bei den Generalversammlungen, noch durften sie über die Aufnahme neuer Mitglieder mitbestimmen. Sie konnten jedoch, wie die anderen Mitglieder auch, Anschaffungsvorschläge vorbringen, Wünsche äußern und Beschwerden dem Verwaltungsrat vortragen. In den Verwaltungsrat wählbar waren nur ordentliche Mitglieder. Die Beschränkung des passiven Wahlrechts auf selbständige Gewerbetreibende und damit die gleichzeitige Abschottung der Lesegesellschaft nach unten entsprach ihrem Selbstverständnis als noch ständisch geprägte Vereinigung. Sie stellte sich anfänglich - wohl bewußt - in die Tradition der großbürgerlichen und adligen Salons und Literaturzirkel der Jahrhundertwende.

Trotz ihres Charakters als elitärer Zirkel, deutlich ablesbar an den hohen Jahresbeiträgen,[10] symbolisierte der Zusammenschluß als solcher bereits ein gewandeltes Bewußtsein von Öffentlichkeit, entsprach er einem Trend der Zeit. Denn die Assoziation, der freiwillige Zusammenschluß von Bürgern zu einem klar definierten und umrissenen Zweck, war eine der Voraussetzungen für die Teilnahme der bürgerlichen Schichten am öffentlichen Leben. Von wenigen Ausnahmen abgesehen noch weitgehend direkter Einfluß- und Gestaltungsmöglichkeiten verlustig, ermöglichte die Mitgliedschaft in ökonomischen, gemeinnützigen, patriotischen oder sonstigen Zusammenschlüssen die Artikulierung persönlicher und kollektiver Forderungen, Wünsche und Anregungen im öffentlichen Raum. Die in der städtischen Lesegesellschaft per Satzung festgeschriebene formale Gleichheit aller männlichen Mitglieder implizierte das Aneignen und Lernen demokratischer Verhaltensweisen und sensibilisierte so weite Teile der Gernsbacher Bürgerschaft für Forderungen nach ökonomischer Freiheit und ungehinderter politischer Betätigung, wie sie von der liberalen Kammeropposition seit langem erhoben wurden.[11]

Schauplatz der Revolution in Baden

Die Lesegesellschaft entwickelte sich denn auch schnell zu einem Forum, auf dem die Gernsbacher die politischen Ereignisse in Baden, im Deutschen Bund und in Europa diskutierten. Informationsvielfalt als Voraussetzung für einen konstruktiven politischen Meinungsaustausch war insoweit gegeben, als im Lesezimmer des Badischen Hofs Zeitungen der beiden führenden politischen Richtungen auslagen. Und an Gesprächsstoff mangelte es wahrlich nicht.

Auf die Nachricht von den Ereignissen in Paris war in Mannheim am 27. Februar 1848 eine Volksversammlung zusammengetreten, die die vier zentralen Forderungen aller Volksbewegungen dieses "merkwürdigen Jahres 1848": Volksbewaffnung, Preßfreiheit, Schwurgerichte, Einberufung eines deutschen Parlaments,[12] in der berühmten Sturmpetition formulierte und diese, unterstützt von Tausenden ihrer Anhänger, am 1. März der Zweiten Kammer in Karlsruhe übergab.

Die Umwälzung aller Verhältnisse drohte, und es schien nur noch eine Frage der Zeit, bis die Flammen des in Paris ausgebrochenen Brands die deutschen Grenzen erreichten. Dies erzeugte Angst und Unsicherheit, auch unter den Gernsbacher Bürgern. Revolutionäre Gruppen, so das Gerücht, bestehend aus arbeitslosen Handwerksburschen und Tagelöhnern, seien aus Frankreich aufgebrochen und beabsichtigten, raubend und brennend in Deutschland einzufallen und dort die soziale Revolution durchzusetzen. Wie eine Fieberwelle durchzog dieses Gerücht in der zweiten Märzhälfte Baden. Trotz der durch die großherzogliche Regierung sofort eingeleiteten Grenzsicherungsmaßnahmen ließ sich auch Gernsbach davon infizieren, legte sich einen kleinen Vorrat an Pulver und Blei zur Abwehr "der Franzosen" zu und beschloß darüber hinaus die zusätzliche Anschaffung von Sensen für die Bürger.

Jeder auf Wanderschaft nach Gernsbach kommende Handwerksbursche wurde mit mißtrauischen Augen betrachtet, zumal deren Anzahl schon im ersten Jahresviertel als außergewöhnlich hoch zu bezeichnen war. Glücklicherweise erwiesen sich diese

Befürchtungen als unbegründet, blieb es bei dem „blinden Franzosenlärm", der im März und April 1848 Baden durcheilte.[13]

Genährt wurde diese Grundfurcht noch durch Nachrichten aus den grundherrlichen Gebieten des Odenwalds und des Kraichgaus. Dort hatten die Bauern begonnen zu revoltieren. Mit dem Schlagwort "Freiheit" auf den Lippen fegten sie die letzten Reste des Feudalismus hinweg. Denn "Freiheit" bedeutete für sie in erster Linie Freiheit von Lasten und Abgaben, die sie noch überreich den standes- und grundherrlichen Rentämtern entrichten mußten. Natürlich ähnelten diese Ereignisse den traditionellen bäuerlichen Aufständen, wie sie seit dem Bauernkrieg im Bewußtsein der Öffentlichkeit verankert waren. Sie waren in ihrer Motivationsstruktur rückwärtsgewandt und nicht fortschrittsorientiert im Sinne des liberalen Ideals einer Staatsgesellschaft freier und gleichberechtiger Bürger. Und dennoch besaßen diese Revolten eine politische Dimension, indem sie durchaus zur Mobilisierung auch der bäuerlichen Schichten für die Ideen und Ideale der linken Liberalen beitragen konnten. Vor allem Heidelberger Studenten, unter ihnen Karl Blind, zogen durch die Odenwalddörfer und agitierten die Bewohner.[14]

Von innen und von außen drohte also Gefahr. Hatten sich auf der Volksversammlung vom 2. April in Achern nicht eine Reihe von Personen präsentiert, die in Straßburg einer Deutschen Legion *zur Durchsetzung der Republik in Baden* angehörten? Und über die Acherner Volksversammlung, auf der der bekannte Demokrat Joseph Fickler gesprochen hatte und wo ein radikales Programm verabschiedet wurde, das die Einführung der Republik forderte, konnte man Informationen aus erster Hand beim Gernsbacher Gemeinderat Schickardt erhalten. Schließlich war er auf dieser Versammlung zusammen mit Rechtsanwalt Christoph Wolff von Baden-Baden zum Mitglied eines zwölfköpfigen mittelbadischen Kreisausschusses gewählt worden, dem die Aufgabe zukam, die in der Offenburger Versammlung vom 19. März des Jahres beschlossene Gründung politischer und das hieß demokratischer Volksvereine in die Wege zu leiten.[15] Auch für Gernsbach schien dies gebo-

Gernsbach 1847 - 1849

Friedrich Hecker, jugendlicher Star und Mythos der republikanischen Bewegung

ten. Denn noch besaß die demokratische Bewegung keinen organisatorischen Stützpunkt in der Stadt selbst. So waren die Einladungen zur Offenburger Versammlung dem Rastatter Kaufmann Abele mit der Bitte zugeschickt worden, *zugleich auch für die Verbreitung in Gernsbach und Umgegend besorgt zu sein,* da es dem einladenden Komitee in Offenburg *an den nötigen Bekanntschaften in diesen Gegenden* fehlte.[16]

Im März 1848 richteten sich in Gernsbach alle Hoffnungen auf die begonnene parlamentarische Entwicklung auf nationaler Ebene und die Umsetzung der liberalen Grundforderungen auf regionaler Ebene in den sogenannten Märzgesetzen. Aufhebung der Zensur, Einführung einer Bürgerwehr als Vorstufe eines demokratischen

Volksheeres sowie Beteiligung der Bürger an der staatlichen Gerichtsbarkeit in Form von Geschworenengerichten waren die unmittelbaren Erfolge der Liberalen.

Diese Erfolge ließen auch Gernsbach nicht unberührt. Nach der Lockerung der engen Zensurfesseln wurde das Bedürfnis der Bevölkerung nach politischer Information im kleinen Murgtalstädtchen erst richtig geweckt. Nur wenige Wochen danach zeigte der aus Mannheim stammende Gärtner Franz Carl Müller dem großherzoglichen Bezirksamt die Herausgabe eines *Localblatts* an, das zweimal in der Woche *zum Zweck gemeinnützigen Verkündigens der öfentlichen und privatangelegenheiten hiesiger Stadt und Amt* erscheinen sollte. Der „Murgthalbote oder: Gernsbacher Intelligenz- und Wochenblatt", der in der Baden-Badener Druckerei des Franz X. Weis gedruckt wurde, gelangte erstmals am 9. April 1848 zum Verkauf, auch wenn Franz Müller noch keine offizielle Genehmigung der großherzoglichen Zensurstelle erhalten hatte. In der zweiten Nummer des Blattes vom 13. April 1848 bekannte sich der Herausgeber als Anhänger des liberal-konstitutionellen Systems und damit als Parteigänger der liberalen Kammermehrheit. Sein Anliegen war, der *Verbreitung der populären Intelligenz unter Landleuten* zu dienen, d.h. mit anderen Worten die noch vielfach in archaischen Vorstellungen und Denkgewohnheiten verhafteten ländlichen Bewohner des Murgtals aus ihrem obrigkeitlichen Schlaf zu rütteln. Zweifelsohne ein Unterfangen, das einer gewissen politischen Brisanz nicht entbehrte.

Mit dem Vorparlament in Frankfurt, das aus 50 Mitgliedern bestand und die Wahlen zur Nationalversammlung vorbereiten sollte, waren wichtige Grundbedingungen für eine nationale parlamentarische Volksvertretung erfüllt worden. Den Radikalen ging alles viel zu langsam und in eine falsche Richtung. Ihr jugendlicher Star Friedrich Hecker, Anwalt aus Mannheim, und zusammen mit seinem Kollegen Gustav Struve, der allerdings nie die Popularität Heckers erreichte, Repräsentant der neuen, militanten Richtung innerhalb des badischen Liberalismus, wollte die Republik, jetzt und sofort. Als Hecker mit seiner Minderheitenposition im Frankfurter Vorparlament nicht durchdringen kann, schreitet er zur Aktion, zur revolutionären Tat. Mitte April marschiert er los, von Konstanz aus, mit wenigen Getreuen, denen sich unterwegs - so zumindest seine Hoffnung - noch Tausende entschiedener Demokraten anschließen würden. In Kandern, vor den Toren Freiburgs, treffen am 20. April 1848 ca. 5000 Freischärler auf weit überlegenere Kräfte der inzwischen eingerückten Bundestruppen. Nach anfänglichen Verhandlungen entbrennt der Kampf. Zwar fällt der Befehlshaber der Bundestruppen, der hessische General Friedrich von Gagern, das Schlachtenglück wendet sich dadurch jedoch nicht. Nicht anders ergeht es wenige Tage später der Deutschen Legion unter der "Eisernen Lerche" Georg Herwegh, die aus Frankreich mit ca. 800 Handwerkern Hecker zu Hilfe geeilt war. Im Gefecht von Dossenbach, einem kleinen Dorf bei Schopfheim, wird sie am 27. April restlos geschlagen. Die revolutionären Anführer müssen sich vor dem Zugriff der großherzoglichen Strafverfolgungsbehörden in die Schweiz retten, der erste Versuch einer Republikanisierung Deutschlands ist kläglich gescheitert.

Keine Quelle gibt uns Informationen darüber, ob und wie Gernsbacher an den Aufstandsversuchen im Oberland im April durch Hecker und in einem zweiten Anlauf durch Gustav Struve im September des Jahres 1848 teilgenommen haben. Das Verbrennen eines Bildes des Königs von Preußen, der als Symbol für Willkür und Unterdrückung galt, in den Straßen der Stadt, zeigt allerdings die tiefe Bitterkeit und den politischen Fanatismus, die in einem Teil der Gernsbacher Einwohnerschaft im Frühjahr 1848 bereits herrschten. *Vivat, der Hecker soll leben; jetzt zahlen wir nichts mehr,* mit diesen laut geäußerten Worten kommentierte z. B. Bürgermeister Kraft von Sulzbach die Nachrichten vom Heckerzug.[17] Franz Kappler berichtet jedoch auch, daß „anläßlich der siegreichen Niederwerfung" dieses Aufstandsversuchs, die Stadtväter einen „Fackelzug zu Ehren des Großherzogs Leopold nach Schloß Eberstein" veranstaltet haben. Die Wertung dieses Verhaltens als „Heuchelei", wenn er auf die Teilnahme jener Männer verweist, die sich ein Jahr später aktiv in der badischen Revolution betätigen sollten, negiert vollkommen die politische Grundlage und damit die individuellen Entscheidungsspielräume, auf und in der sich die Vertreter der Stadt Gernsbach in jener Zeit befanden. Übereinstimmung mit den politischen und sozialen Zielen der republikanisch-demokratischen Bewegung war keinesfalls gleichbedeutend mit der Bejahung der gewaltsamen Revolution und des mit Waffengewalt erzwungenen Staatsstreichs. Noch war der Großherzog die einzig legitime Gewalt im Lande, unbeschadet davon, daß er im Jahre 1848 auch die entsprechenden Machtmittel in der Hand hielt, um diesen Anspruch durchsetzen zu können.

Fast scheint es, als habe das Bezirksamt Gernsbach die Nachricht vom Scheitern der Unruhen im Odenwald und vom Zusammenbruch des Heckerschen Aufstandes am 20. April 1848 abgewartet, ehe es über die Zukunft des Murgtalboten endgültigen Beschluß faßte. Erst am 26. April, nachdem Müller in der Zwischenzeit erneut um eine offizielle Genehmigung der Zeitung nachgesucht hatte, wurde der Verleger durch das Bezirksamt aufgefordert, die für die Drucklegung einer Zeitung erforderliche Kautionssumme von 1000 fl. zu entrichten und alle sonstigen *gesetzlichen Eigenschaften nachzuweisen*.[18] Vor allem die Kautionsforderung stellte für einen Mann, der erst seit zwei Jahren in der Stadt ansässig war und mit gärtnerischen Arbeiten sich und die Seinen höchst notdürftig über Wasser hielt, ein schier unüberwindliches Hindernis dar. Verzweifelt bemühte sich Müller, in Karlsruhe eine Befreiung von der Kaution zu erhalten. Hartnäckig wurde ihm dies verweigert, vordergründig unter Hinweis auf die im Amtsbezirk bereits verbreiteten Periodika wie das Landwirtschaftliche Wochenblatt und das Wochenblatt für die Amtsbezirke Gernsbach, Rastatt und Ettlingen, das die offiziellen Verlautbarungen der Regierung sowie die amtlichen Nachrichten abdruckte. In Wahrheit ging es dem gutachtenden Bezirksamt nicht um die Feststellung eines vorhandenen oder nicht vorhandenen Bedürfnisses nach einer neuen Zeitung im Amtsbezirk, noch spielte die, bei der *notorischen Armut des Redakteurs*, nicht unbegründete Sorge um die Solidität des Unternehmens die entscheidende Rolle. Vielmehr behagte Oberamtmann Oehl die generelle Tendenz des Blattes nicht, von dem er befürchtete, daß es, *obwohl bisher noch gemäßigt, späterhin nur zu Partheizwecken dienen* werde. In seiner Haltung bestärkt wurde Oehl durch den Abdruck eines Artikels im Murgtalboten vom 11. Mai 1848, in dem *Ein Wort zur Wahl eines Deputirten zur deutschen Nationalversammlung* abgegeben wurde. Darin trat ein ungenannter Autor vehement für die Nominierung des *alten Veteranen v. Itzstein* und gegen den von der Rotenfelser Wahlmännerversammlung am 7. Mai vorgeschlagenen bisherigen Landtagsabgeordneten des Wahlbezirks Rastatt, Baden und Gernsbach, Friedrich Daniel Bassermann, ein.[19] Mit der Veröffentlichung des Artikels hatte sich der Murgtalbote in der Tat politisch festgelegt. Sein Platz befand sich auf der Seite derer, die für eine Demokratisierung und Republikanisierung Deutschlands eintraten. Diese Tendenz unterstrichen Artikel, die die bürgerlichen Leser unumwunden zu einer stärkeren Teilhabe am öffentlichen Leben aufriefen und ihnen zugleich eine Vorreiterrolle im Emanzipationsprozeß der noch ungebildeten und rechtlosen unteren Schichten zuwiesen.[20]

Natürlich wurde versucht, den Autor des Wahlartikels namhaft zu machen und ihn wegen Verunglimpfung zur Rechenschaft zu ziehen. Doch ließ sich das Originalmanuskript weder in der Redaktionsstube, die sich in der Wohnung des Müller, Gernsbach Nr. 82, befand, noch in der Weis'schen Druckerei in Baden-Baden ermitteln. So blieb es bei dem Verdacht gegen den Sulzbacher Lehrer Sebastian Lindau, der jedoch nicht bewiesen werden konnte.

In der immer noch nicht entrichteten Kaution allerdings besaß das Bezirksamt das geeignete Mittel, die unliebsame Publikation mundtot zu machen. Noch am 11. Mai wurde Franz Carl Müller die weitere Herausgabe des Murgtalboten untersagt. In einer letzten Aktion wandte sich der verhinderte Herausgeber mit einem Flugblatt an seine Abonnenten und erklärte ihnen das unerwartete und unvermutete Ende seiner Zeitung. Zumindest jenen 156 Personen, die im April 1848 ein Abonnement des Murgtalboten gezeichnet hatten, wurde ein Lehrstück über die im Großherzogtum Baden trotz der Durchsetzung der Märzforderungen real existierende Pressefreiheit vorgespielt und sicherlich werden sich viele ihre eigenen, nicht unbedingt staatstragenden Gedanken darüber gemacht haben.

Mit großer Aufmerksamkeit verfolgten die Gernsbacher Bürger die Ereignisse in Baden und im Deutschen Bund. Ob Anhänger oder vehementer Gegner der Republik, jeder war von dem eigenartigen politischen Klima erfaßt, das über dem Land lag. Begierig griffen zahlreiche Einwohner die sich nun bietenden Chancen der politischen Partizipation auf und engagierten sich in der Öffentlichkeit. Die Assoziation, die freie Vereinigung mündiger Bürger, die durchaus als Experimentierfeld zukünftiger parlamentarischer Beratungs- und Entscheidungsformen und als konstitutives Merkmal einer neuen, freien, bürgerlichen Gesellschaft angesehen wurde, war in aller Munde.[21]

Auch Gernsbach nahm teil auf diesem öffentlichen Forum. Von wenigen Ausnahmen abgesehen, spielten sich die politischen Kontroversen des März 1848 in einem "gesitteten" Rahmen ab. Mit sichtlicher Zufriedenheit konstatierte der Amtmann Ende des Monats in einem Bericht über den Verlauf der Märzrevolution in seinem Amtsbezirk: *Nirgends kam es zu Exzessen,* überall war die *Stimmung gut und ruhig,* lediglich einige *mißliebige* Personen mußten befürchten, unter dem Eindruck der Märzereignisse in Berlin von ihren Posten verdrängt zu werden. So wurden Kaminfeger Haag von Gernsbach *nebst verschiedenen Drohungen nächtlicherweise die Fenster eingeworfen,* und auch Pfarrer Haas von Forbach bekam die drohende Aufforderung, *sich baldigst aus dem Orte zu entfernen.*[22]

Vordergründig war es also ruhig im Murgtal, und dennoch gärte es. Allenthalben organisierten die Liberalen Volksversammlungen, in denen die neuesten Entwicklungen referiert und über die nächsten Schritte beraten wurden. Eine solche Versammlung fand in der zweiten Märzhälfte in Gernsbach im Gasthaus zum Badischen Hof statt. Dessen Inhaber, Gustav Wallraff, galt weit über die Grenzen des Städtchens hinaus als glühender Anhänger einer Republikanisierung Deutschlands, was ihm in der Folgezeit auch eine gewisse

Schauplatz der Revolution in Baden

Reputation unter den Emigrantenkreisen in Frankreich eintragen sollte. So bat das im Juni 1848 in Straßburg gegründete Unterstützungskomitee deutscher Flüchtlinge, dem Heinzen und Struve vorstanden und dem neben Karl Schaible auch Karl Blind angehörte, den ihnen *Gleichgesinnten* Wallraff um finanzielle Unterstützung für die Aufgabe, die militärische und politische Ausbildung der deutschen Flüchtlinge zu sichern und damit *die Sache der Republikanisierung Deutschlands thatkräftig* fortzuführen.[23] Die Versammlung im März hatte primär den Zweck, Deputierte aus Gernsbach für die am 2. April in Achern angekündigte Volksversammlung zu wählen. Hoch müssen die Wogen im Badischen Hof geschlagen haben und groß die Erregung gewesen sein. Als symbolischer Akt, der gleichzeitig Ausdruck für die Entschiedenheit der Anhänger der radikalen Richtung war, wurde im Verlaufe dieser Versammlung ein Bild des Königs von Preußen verbrannt. Zwar rief der Vorsitzende des Lesevereins Dr. Kürzel zu Eintracht und Versöhnung auf, über die politischen Trennungslinien hinweg,[24] allein der Differenzierungsprozeß, die Trennung in zwei politische Lager, Konservative und Radikale, begann sich zu entwickeln, wenn auch vorerst nicht in aller Deutlichkeit.

Während die konstitutionellen Liberalen und Konservativen die im Verlaufe des Monats März von Seiten der Regierungen zugestandenen Reformen, die sog. "Märzerrungenschaften", vorerst für ausreichend erachteten, befürchteten die Radikalen, deren erklärtes Ziel die sofortige Republikanisierung Deutschlands war, ein „Steckenbleiben" der Revolution in ihren Anfängen. Die Tätigkeit oder vielmehr die Untätigkeit der in Frankfurt am 31. März 1848 zusammengetretenen provisorischen Reichsversammlung, des Vorparlaments, schien diese Befürchtungen zu bestätigen. Während die Republikaner in deutlicher Anlehnung an das Vorbild der Französischen Revolution die Permanenz des Vorparlaments als revolutionäre Nationalversammlung forderten, billigten die Konstitutionellen ihr lediglich die Aufgabe zu, die Wahlen zu einer verfassunggebenden Nationalversammlung vorzubereiten. Zur Kontrolle des Bundestages und zur Vorbereitung der Arbeit der

Schauplatz der Revolution in Baden

Der Wächter an der Murg.

Probeblatt. Nro. 1.

Sonntag. Gernsbach, den 8. Oktober. 1848.

Der Wächter an der Murg
erscheint vor der Hand wöchentlich einmal am Sonntag Morgen, und stellt sich folgende Aufgabe:
1) Er sucht die Errungenschaften unserer so ereignißreichen Zeit dem größern Publikum, und besonders den Landbewohnern zugänglich zu machen.
2) Bringt er eine kurze Uebersicht über alle im Verlauf der Woche vorgekommene Weltbegebenheiten wobei besonders die des deutschen Vaterlandes berücksichtigt werden.
3) Wird der Wächter an der Murg die erstrebten und zu erstrebenden Rechte und Freiheiten des Volkes gegen alle Angriffe, die auf dieselben gemacht werden, mit der Entschiedenheit und Kraft eines wahren Volksfreundes schützen und vertheidigen.
4) Alles, was das gemeindliche und Familienleben, was Handel und Gewerbe, Landbau ꝛc. betrifft, wird zu seiner Besprechung Raum in diesem Blatte finden.
5) Wird er besonders die Verhältnisse der Bewohner des Murgthales und seiner Umgebungen in jeder Beziehung berücksichtigen, und für die Anzeigen der öffentlichen Stellen und Privaten offen sein.

Der Wächter an der Murg, Organ der republikanischen Bewegung des Murgtals

Nationalversammlung wurde aus dem Vorparlament ein 50er Ausschuß gebildet, dem allerdings die engagiertesten Verfechter einer Republikanisierung Deutschlands, Hecker und Struve, nicht mehr angehörten. Sie versuchten nun in Süddeutschland eine radikale Strömung zu etablieren, die den Kampf um die Republik notfalls mit Mitteln der Gewalt zu führen bereit war. Zu den bekanntesten Politikern dieser Gruppierung zählte neben Gustav Struve der Redakteur der Konstanzer Seeblätter, Joseph Fickler, der am 2. April auf der Volksversammlung in Achern dazu aufrief, *die Republik in Deutschland und vorerst in Baden einzuführen.*[25] Solche und ähnliche Parolen waren im Lande überall zu hören und fanden Gehör. Erfüllt von dieser Mission werden auch die leider unbekannten Gernsbacher Delegierten, die neben dem Gemeinderat Schickardt an der Versammlung teilnahmen, aus Achern zurückgekommen sein und in der Stadt für die Umsetzung der Ficklerschen und Heckerschen Ideen einer gewaltsamen Revolution geworben haben. Aber noch war die Anteilnahme der Gernsbacher Bevölkerung an den politischen Ereignissen gering, war die Trennung in zwei entgegengesetzte politische Lager äußerlich nicht zu spüren,

> **Probenummer.**
>
> # Der Murgbote.
>
> Rastatt und Gernsbach. № 1. Mittwoch, 4. April 1849.
>
> ## Ankündigung.
>
> Das Bedürfniß politischer Bildung und zwar einer solchen, die bis in die weitesten Kreise des Staatslebens, in die Schichten des einfachen bürgerlichen Lebens, dringt, wird mit jedem Tage fühlbarer.
> In Folge der friedlichen Umwälzung, welche im Jahre 1848 in Deutschland statt gefunden hat, wurde und wird noch immer dem Bürger deutscher Länder ein solches Maaß von wahren Volksfreiheiten eingeräumt, deren Ausübung, wenn sie eine für das Allgemeine segensreiche sein soll, eine größere, politische Reife voraussetzt.
> Wir sind über die Zeit der konstitutionellen Halbheiten hinaus; die Kinderjahre unsrer politischen Mündigkeit sollten wenigstens hinter uns liegen; darum ergeht an jeden Bürger die ernste Mahnung, seine Rechte zu üben und zu wahren.
> Das wichtigste Mittel, die politische Bildung in den Kreisen des Bürgerthums zu befördern, ist uns gegeben, es ist die freie Presse.

Der Murgbote oder „Gernsbacher Intelligenz- und Wochenblatt", Organ des Vaterländischen Vereins

sieht man von der Tatsache ab, daß die politischen Diskussionen den engen Rahmen der Salons und literarischen Zirkel verließen und in der öffentlichen Sphäre ausgetragen wurden. Daß der Amtspolizei in der Stadt beim Gebieten der Polizeistunde der Ruf nach *Preßfreiheit* entgegen schallte, zeigt, wie weitverbreitet und populär das demokratische Vokabular bereits war, auch wenn die Begriffe mit eigenen, subjektiven, in diesem Falle keineswegs revolutionären Inhalten gefüllt wurden.[26]

Im Laufe des Jahres 1848 war die Politik als dominanter Faktor in die Gernsbacher Welt eingebrochen. Die mit ihr zwangsläufig einhergehende Gruppenbildung in Befürworter und Ablehner der alten Ordnung führte zu einer Verhärtung der politischen und gesellschaftlichen Fronten. Sehr schön läßt sich dieser Differenzierungsprozeß anhand der Entwicklung der Lesegesellschaft nachvollziehen. Ihre Generalversammlungen gewannen an politischer Schärfe, und die Auseinandersetzungen über die Auswahl der zur Auslage kommenden Zeitungen nahmen zu. Die konservativen Mitglieder der Lesegesellschaft reduzierten ihre Besuche im Lesezimmer des Badischen Hofs im Verlaufe des Herbstes 1848 drastisch. Sie zogen es vor, sich im Gasthaus zum Sternen zu treffen, in bewußter Abwendung vom Badischen Hof, der zunehmend zum politischen Zentrum der Demokraten des Murgtals wurde. Hier versammelte man sich, um beim feilgebotenen *Barrikaden-Wein* und den *Kartätschen-Würsten* die neuesten Ereignisse in Europa zu besprechen.[27] Die ganze Stadt wurde von diesem Differenzierungsprozeß erfaßt. Die Anhänger des entschiedenen Fortschritts entschlossen sich sogar, ein eigenes Wochenblatt, den „Wächter an der Murg" herauszugeben, das mit einem Probeblatt am Sonntag, den 8. Oktober 1848, in Gernsbach erschien. Als verantwortliche Redakteure zeichneten Friedrich August Schickardt, Schiffer, Gemeinderat Wilhelm Seyfarth und der Handelsmann Sebastian Layer. Für die Kaution von 1000 fl. bürgten Wilhelm Seyfarth und der Wirt des Badischen Hofs, Gustav Wallraff.[28] Schon der einführende Leitartikel unterstrich mit klaren Worten die Tendenz des Blattes: *Es will der 'Wächter an der Murg' hineintreten in das bescheidene Haus des Handwerkers und des Landmannes, will ihn in 'leitenden Artikeln' unterrichten, ihm sagen - in traulicher Sprache wohl, aber entschieden, ohne Rückhalt und ohne Menschenfurcht - was die Freiheit ist, von der er in neuester Zeit so viel gehört und nichts empfunden; welche Rechte es sind, die ihm gebühren und fort und fort bestritten werden; wer die Feinde der Freiheit sind, und wer ihre Freunde; will ihn heraufheben auf den Standpunkt der Gegenwart, ihm den Kampf zeigen, der so heiß, so blutig geführt wird um sein Recht und seine Ehre.*

Trotz dieser unmißverständlichen, ja martialischen Worte, die das neugegründete Blatt sofort zum Beobachtungsobjekt der großherzoglichen Behörden werden ließen, hatten seine Redakteure offensichtlich keine Mühe, Gesinnungsgenossen für eine Mitarbeit zu gewinnen. Sowohl Sebastian Lindau von Sulzbach als auch Josef Rittelmann von Obertsrot, beide Lehrer und damit wichtige Multiplikatoren in ihren Dörfern, versorgten den Wächter mit allerlei Nachrichten aus dem Murgtal und auch allgemeinen Beiträgen zu den Entwicklungen im Reich. Vor allem Lindau, der in *ununterbrochenen Korrespondenzen mit Hecker, Brentano und*

Schauplatz der Revolution in Baden

Cons. stand, als *eifrigster Verbreiter des Volksführers* und weiterer demokratischer Blätter bekannt war, und auf dessen Veranlassung *auch zwei Wirte in Michelbach die Abendzeitung* hielten, entwickelte eine beachtliche Produktion. Seinem sowie dem Engagement und rastlosen Einsatz seiner Kollegen Rittelmann und Franz Josef Frey von Reichental, der nach dem 14. Mai 1849 tagelang Betstunden für das Gelingen der Revolution abhalten sollte, ist es sicherlich auch zuzuschreiben, daß sich im Oktober des Jahres 20 Kollegen aus dem Murgtal in einem Bezirksverein der Volksschullehrer zusammenschlossen, der sich ebenfalls *dem edlen Bestreben der Zeit* verpflichtet fühlte. Lindau selbst war seit einiger Zeit in der landesweiten Standesorganisation der Volksschullehrer aktiv und hatte bereits im Mai 1848 als Vertreter des Bezirks Gernsbach an der Generalversammlung der badischen Volksschullehrer in Offenburg teilgenommen.[29]

Die improvisierten, fast operettenhaften Putschversuche Heckers und Struves haben dem Demokratisierungsprozeß eher geschadet als genützt. So urteilte auch Robert Blum in einem Brief an seine Frau vom 3. Mai 1848: *Hecker und Struve haben das Land verraten nach dem Gesetz - das wäre eine Kleinigkeit; aber sie haben das Volk verraten durch ihre wahnsinnige Erhebung; es ist mitten im Siegeslauf aufgehalten; das ist ein entsetzliches Verbrechen.*[30] In der Tat dienten beide gescheiterten Unternehmen als willkommener Vorwand für die Staaten des Deutschen Bundes, unter dem Stichwort der Demagogenverfolgung gegen die breite Demokratiebewegung in ihren Ländern vorzugehen. Die politische Großwetterlage hatte sich geändert. Die alten Mächte erhoben erneut ihr Haupt und schickten sich an, Rache zu nehmen für die "Schmach" des März 1848. Mißachtung der Frankfurter Nationalversammlung wurde als Parole ausgegeben, in Österreich offene Versuche unternommen, die Verfassung außer Kraft zu setzen. Proteste dagegen wurden mit brutaler Waffengewalt unterdrückt, der sächsische Abgeordnete Robert Blum in Wien verhaftet, trotz seiner parlamentarischen Immunität vor ein Standgericht gestellt und am 9. November 1848 vor den Toren Wiens erschossen. *Ich sterbe für*

Schauplatz der Revolution in Baden

die deutsche Freiheit, für die ich gekämpft. Möge das Vaterland meiner eingedenk sein, dies waren seine letzten Worte, die alsbald in Deutschland die Runde machten. Es war staatlicher Mord, und wohl nur wenige werden geahnt haben, daß Robert Blum nicht der letzte gewesen war, der für die deutsche Freiheit sein Leben lassen würde.[31]

Wie in anderen Städten Mittelbadens - Baden-Baden, Bühl, Steinbach, Achern und Rastatt - wurde auch in Gernsbach eine öffentliche Trauerfeier für den *Märtyrer der Freiheit* organisiert. Ein eigens dafür ins Leben getretenes Komitee, dem Wilhelm Seyfarth, Dr. Kürzel, Christian Bucherer und Casimir Griesbach angehörten, alle Mitglieder der Lesegesellschaft und als Anhänger der demokratischen Richtung bekannt, hatte für Sonntag, den 3. Dezember 1848, ein umfangreiches Programm zusammengestellt. Um 14.00 Uhr war Treffpunkt am Rathausplatz, von wo aus der Trauerzug, angeführt und eingerahmt von den Trommlern und der Musikgruppe der Gernsbacher Bürgerwehr, über die Waldbach und die obere Stadt zum Kornhaus zog, vor dem die eigentliche Trauerfeier stattfinden sollte. Das schlechte Wetter konnte den Organisatoren und den *einigen Hundert* Teilnehmern nichts anhaben. Eine Abordnung der Badener Turner, die mit *unendlichem Jubel* empfangen wurde, marschierte an der Spitze des Zuges. Die erhoffte machtvolle Demonstration aller republikanisch gesinnten Kräfte des Murgtals gipfelte vor dem Gernsbacher Kornhaus in einer Rede des Gernsbacher Kammerabgeordneten Pfarrer Lehlbach, ehe die Veranstaltung ihren Abschluß im Badischen Hof fand, wohin sich die Teilnehmer vor dem Dauerregen geflüchtet hatten.

Bereits im Vorfeld muß es innerhalb der Gernsbacher Bürgerwehr zu heftigen Diskussionen über die Opportunität einer solchen Veranstaltung gekommen sein. In einer Versammlung am 1. Dezember erklärte ihr Kommandant, der *durchaus konservativ gesinnte Murgschiffer* Wilhelm Grötz, die Teilnahme der Wehr erst dann für möglich, wenn das entsprechende Programm für die Trauerfeier bekannt sei. Auch wenn dieser Forderung von Seiten des Komitees sofort Folge geleistet und der Programmablauf den Bür-

Gernsbach 1847 - 1849

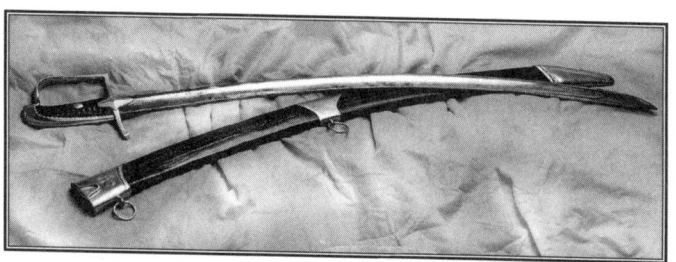

Der Säbel des Bürgerwehrmajors Wilhelm Grötz wurde anläßlich der Jubiläumsfeierlichkeiten 1997 vollständig restauriert.

gerwehroffizieren, dem Bannerträger, dem Kapellmeister und dem Tambourmajor mitgeteilt wurde, konnte Grötz nicht dazu bewogen werden, die Teilnahme der gesamten Bürgerwehr des Städtchens anzuordnen. Statt dessen stellte er sie in das Ermessen jedes einzelnen; er selbst werde nicht an der Feier teilnehmen, was durchaus als klare politische Stellungnahme gegen die demokratisch-republikanische Richtung zu verstehen war und auch verstanden wurde.[32] Seinem Beispiel folgten andere nach. Das Fehlen eines Großteils der Bürgerwehr an jenem Sonntagnachmittag und die mangelnde Unterstützung von Seiten der Bürgerwehrführung waren unmittelbarer Anlaß für die republikanisch gesinnten Offiziere und Unteroffiziere, in den darauffolgenden Tagen ihren Dienst in der Bürgerwehr zu quittieren. *Die Parteien trennten sich schärfer*, so interpretierte der Amtmann dieses erste öffentliche und auch lange nachwirkende Zerwürfnis zwischen den beiden politischen Gruppierungen in der Stadt. Der Vertreter der Regierung konnte dem allerdings durchaus positive Seiten abgewinnen, ja sah diese Scheidung als einen *Gewinn für die gute Sache* an, *da ein unentschiedenes Lavieren und jede Neutralität bisher nur zum Übel ausgeschlagen sei*.[33]

Der Riß, der die beiden politischen Lager nun spaltete, konnte auch in der Gernsbacher Lesegesellschaft nicht mehr gekittet werden. Ihre Spaltung drohte. Während einige die Mitgliedschaft ruhen ließen, kaum noch im Badischen Hof, in dem sich der Leseraum der Gesellschaft befand, gesehen wurden und noch seltener

Gernsbach 1847 - 1849

Diakon Friedrich Kayser, Leiter der Gernsbacher Lateinschule, trat nach der Blumschen Gedenkfeier aus der Lesegesellschaft aus.

an den dortigen politischen Diskussionen partizipierten, zogen die exponierteren Vertreter der *conservativen Parthei*, wie sie sich selbst nannten, den demonstrativen Austritt aus der Gesellschaft vor. So erreichten den Vorstand Dr. Kürzel in den Tagen nach dem 5. Dezember, als unter dem Eindruck der Blumschen Gedenkfeier die Generalversammlung der Gesellschaft abgehalten wurde, Austrittserklärungen des Stadtpfarrers Wilhelm Katz (1802-1872), des Leiters der Gernsbacher Bürgerschule, Diakon Friedrich Kayser (1817-1857), und des dortigen Lehrers David Keller. In keiner dieser Erklärungen werden politische Gründe für den Austritt angeführt.[34] Gleichwohl spielten sie die entscheidende Rolle, was selbst vor den nach dem Zusammenbruch der Revolution tätigen Untersuchungsbehörden kommentarlose Anerkennung fand. Die *auflau-*

fenden extremen Bestrebungen, so Diakon Friedrich Kayser in seiner Zeugenaussage vor derselben, hätten *das Verbleiben der Konservativen im Verein unmöglich gemacht* und sie zum Austritt genötigt.[35] Damit war die Gernsbacher Lesegesellschaft an der Jahreswende 1848/49 zu einem homogenen politischen Zirkel geworden, der durchaus zur Speerspitze der revolutionären Bewegung im Murgtal hätte werden können. Ihr Vorsitzender Dr. Franz Kürzel war allerdings nicht der energisch zupackende Machtmensch, dessen es für diesen Fall bedurft hätte. Seine auf Harmonie und Ausgleich bedachte Art ließen ihn keineswegs zum *Hauptlenker der hiesigen rebellischen Bewegung* werden, wie es spätere Aussagen zu suggerieren suchten, auch wenn er im vorrevolutionären demokratischen Vereinsspektrum wie auch in der Revolutionszeit selbst wichtige öffentliche Ämter ausübte.

Die Auseinandersetzungen spitzen sich zu: Gernsbach im Winter des Jahres 1848/1849

Vielleicht lag es tatsächlich am harmonisierenden und ausgleichenden Charakterzug des Lesevereinsvorstandes, daß sich die bürgerliche Linke in Gernsbach an der Jahreswende 1848/49 ein neues Forum des Austauschs und der politischen Aktion schuf. Der Turnverein Gernsbach entstand, und immerhin 50 Bürger der Stadt erklärten per Unterschrift am 16. Januar 1849 ihren Beitritt. Damit gewann der neugegründete Verein auf Anhieb ein erhebliches politisches Gewicht in der Stadt, zumal mit Murgschiffer Casimir Griesbach als Vorstand, mit dem Badischen Hofwirt Gustav Wallraff als Turn- und Zeugwart, mit Handelsmann Julius Schober als Beisitzer, Murgschiffer Karl Drissler jun. als Schriftwart und Kaufmann Ludwig Ettlinger als Schatzmeister angesehene Persönlichkeiten den Vereinsvorstand bildeten und mit dem Wirt des

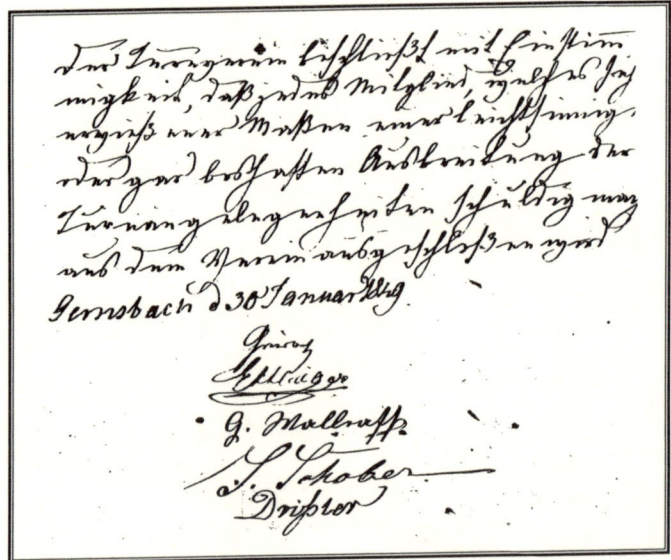

Die Satzung des Turnvereins Gernsbach wurde am 30. Januar 1849 verabschiedet.

Gasthauses Goldener Bock, Wilhelm Seyfarth, dem Buchhalter Christian Bucherer, dem Tierarzt Friedrich Liebermann und dem Ratschreiber Raphael Weil weitere honorige Herren im Verein präsent waren. Bezeichnenderweise fehlte darunter Franz Kürzel, obwohl er in den zurückliegenden Monaten regen Kontakt mit der Turnbewegung in Mittelbaden gehalten hatte und auch in der Stadt selbst als vehementer Verfechter des Turngedankens galt. Zu eindeutig war die politische Zielrichtung des neuen Vereins als Sammelbecken der Kräfte des entschiedenen Fortschritts in Gernsbach, als daß sich der auf Ausgleich und Harmonie bedachte Kürzel daran beteiligen wollte.

Innerhalb weniger Tage gelang es dem Gernsbacher Turnverein, seine vorhandene „Massenbasis" auszubauen und die Politisierung in der Stadt voranzutreiben. Bei der Verabschiedung der 25 Paragraphen umfassenden Satzung, am 30. Januar 1849, signierten bereits 61 Gernsbacher Bürger das betreffende Protokoll. Es waren dies:

Name	*Beruf*
Abel, Adolph	Zimmermeister
Aberle, Johann	Dreher
Bender, Christoph	Zeugweber
Bender, Friedrich	Zeugweber
Bucherer, Christian	Schiffer
Buck, Wilhelm	Gastwirt "zur Traube"
Bürgin, Jakob	Sattler
Dick, Friedrich	Kettenschmied
Drissler jun., Karl	Schiffer
Dürr, Casimir	Schneidermeister
Eberlin, Albert	Gerber
Ettlinger, Ludwig	Kaufmann
Ettlinger, Gottlieb	Schiffer und Blechner
Feill, Oskar	Schiffer
Feill, Robert	Ingenieur
Fels, Gotthard	Schuster
Fischer, Theobald	Gerber

Gernsbach 1847 - 1849

Fischer, Philipp	Bäcker
Fischer, Karl	Gerber
Gelbarth, Jakob	Schneidermeister
Griesbach, Casimir	Schiffer
Gutmann, Max	Schneider
Haas, Alois	Feilenhauer
Kastel, Eduard	Bäcker
Kauffmann, Veit	Kaufmann
Kiefer, Wilhelm	Küfer
Kolb, Franz Joseph	Taglöhner
Layer, Sebastian	Kaufmann
Liebermann, Friedrich	Tierarzt
Markinter, Josef	Schreiner
Mattes, Friedrich	Sattler
Mohrenstein, Friedrich	Schirmfabrikant
Mohrenstein, Julius	Messerschmied
Mohrenstein, Jakob	Schneider
Motsch, Johann Andreas	Seiler
Rothengatter, Karl	Seifensieder
Rothengatter, Wilhelm	Wachtmeister
Rothengatter, Jakob	Metzger
Rothengatter, Wilhelm	Messerschmied
Rothengatter, Jakob	Messerschmied
Schickardt, Karl	Schiffer
Schober, Julius	Handelsmann
Seyfarth, Wilhelm	Gastwirt "zum Goldenen Bock"
Seyfarth, Friedrich	Kappenmacher
Stoll, J.G.	Gastwirt "zum Lamm"
Vogel, Heinrich	Gerber
Wallraff, Gustav	Gastwirt "zum Badischen Hof"
Wallraff, Heinrich	Bierbrauer
Weil, Raphael	Ratschreiber
Welpert, Andreas	Gerber

Schauplatz der Revolution in Baden

Zum 80jährigen Bestehen des Gernsbacher Turnvereins wurde 1929 eine neue Fahne entworfen, da die Originalfahne verloren gegangen war.

In den Tagen und Wochen darauf traten folgende Gernsbacher dem neuen Verein bei:

Name	Beruf	Eintrittsdatum
Deubel, Januarius	Müller	14. Febr. 1849
Drück, Johann	Sesselmacher	7. März 1849
Fischer, Gottlieb	Gerber	2. Febr. 1849
Hasenpflug, Heinrich	Metzger	14. März 1849
Heidinger, Heinrich	Gastwirt "zur Krone"	16. Jan. 1849
Heizmann, Isidor	Lehrer	24. Jan. 1849
Kast, Casimir jun.	Schiffer	14. Febr. 1849
Kauffmann, Friedrich	Handelsmann	14. März 1849
Kolb, Stephan	Gerber	23. Jan. 1849
Krieg, Karl	Mehlhändler	3. Febr. 1849

Langenbach, Julius	Schuster	7. März 1849
Langenbach, Jakob	Metzger	7. März 1849
Layer, Wilhelm	Handelsgehilfe	23. Jan. 1849
Leuthe, Martin	Messerschmied	14. März 1849
Luft, Jakob	Gastwirt "zum Löwen"	6. Febr. 1849
Meier, J.G.	Kammacher	23. Jan. 1849
Wader, Friedrich	(auf'm Weinauer Hof)	7. März 1849
Wunderlich	Buchhalter	14. Febr. 1849
Wunsch	Bäcker	14. Febr. 1849
Motsch, Wilhelm	Seiler	21. März 1849
Krieg, Heinrich	Metzger	21. März 1849
Dreyfuß, Heinrich	Goldarbeiter	21. März 1849
Beck, Wilhelm	Müller	21. März 1849
Fischer, Andreas	Kutscher	28. März 1849
Langenbach, Johann	(bei L. Ettlinger)	28. März 1849
Hasenpflug, Friedrich	Kaufmann	4. April 1849
Aberle, Jakob	Dreher	4. April 1849
Wurz	Gerber	4. April 1849

Es waren die Handwerker, die kleinen Gewerbetreibenden, die freien Berufe und die Gastwirte, die sich mit ihrem Beitritt zum Turnverein zu seinen demokratischen Zielen bekannten. Bezeichnenderweise fehlten Landwirte gänzlich und mit Ausnahme des Wachtmeisters Rothengatter und des Ratschreibers Weil auch Vertreter der städtischen und großherzoglichen Beamtenschaft.[36]

Zweck des Vereines war, wie Raphael Weil beim ersten Turnerball im Badischen Hof am 18. Februar 1849 unumwunden zugab, die Jugend *für den unausbleiblich bevorstehenden Kampf* körperlich zu ertüchtigen.[37] Daneben beabsichtigte er auch, Bildungsveranstaltungen auf dem Gebiete der Geschichte, Geographie, Naturkunde und Politik abzuhalten. Wie sehr sich jedoch der Verein als politische Gruppierung verstand, ist daran zu erkennen, daß Angaben über eine kontinuierliche turnerische Betätigung zunächst gänzlich fehlen. Regelmäßige Treffen, Mittwochs „Generalversammlung", Samstags „Kneip-Abend" genannt, wurden abgehalten

III. Deutscher Waffenruf.

Auf deutsches Volk, du stark Geschlecht,
 Es schlug die große Stunde!
Auf! auf! du bist nicht länger Knecht,
 Mit Kraft und Muth steh' für dein Recht
 Im heil'gen Völkerbunde.
Der schwarz-roth-goldnen Fahne nach,
Zu Sieg und Ruhm aus Druck und Schmach!
Wir zittern nicht vor Bajonetten;
Die Freiheit (die Freiheit) führt uns, brecht ihr Ketten!

Die Zeit des Duldens ist vorbei,
 Wir kämpfen unsre Sache:
Fahr' hin du alte Tyrannei,
 Das Vaterland, das Volk sei frei,
 Deutschland, es gilt; erwache!
Der schwarz-roth-goldnen Fahne &c.

Kühn wie der Baum zum Himmel strebt,
 Laßt uns zum Ziele stürmen;
Wer sich am Volk versündigt, bebt
 Und fällt, wenn sich das Volk erhebt,
 Ob Tausend ihn beschirmen!
Der schwarz-roth-goldnen Fahne &c.

Das Recht macht stark, die Ehre groß,
 Laßt Ehr' und Recht uns wahren;
Und bricht die Hölle auf uns los,
 Sie sinkt in des Verderbens Schoos,
 Gott ist mit unsern Schaaren!
Der schwarz-roth-goldnen Fahne &c.

Pocht Feinde nur und haltet Stand,
 Doch seid gewiß des Falles!
Ganz Deutschland schwört mit reiner Hand:
 Ein einzig Volk und Vaterland,
 Und Freiheit über Alles!
Der schwarz-roth-goldnen Fahne nach,
Zu Sieg und Ruhm aus Druck und Schmach;
Wir zittern nicht vor Bajonetten,
Die Freiheit führt uns, brecht ihr Ketten!

„Wir kämpfen unsre Sache-" das populäre demokratische Liedgut jener Zeit

und allgemeine politische Themen diskutiert. Mit den anderen Turnvereinen der näheren Umgebung trat man sofort in Verbindung. Gemeinsame Delegationen wurden zu den zahlreich stattfindenden Volksversammlungen oder Turnfesten geschickt. So unternahm man am 21. März zusammen mit den Badener Turnern eine

Gernsbach 1847 - 1849

Das Gasthaus zum Badischen Hof war das Zentrum der demokratisch gesinnten Kräfte im Murgtal.

Fahrt nach Altschweier bei Bühl.[38] Für Ostermontag, den 9. April, lud der Turnverein Gernsbach selbst zu einer *Turnfahrt* ein. Neben den offiziellen Abordnungen der Turnvereine aus Baden-Baden, Ettlingen, Rastatt, Karlsruhe und Bühl nahmen zahlreiche Mitglieder der in Mittelbaden ansässigen Volksvereine an dieser Veranstaltung teil, was ihren Charakter - sicher nicht ohne Absicht - eher in Richtung Volksversammlung wandelte. Mit dieser machtvollen Demonstration legte der TV Gernsbach noch einmal und in aller Öffentlichkeit sein politisches Glaubensbekenntnis als Verfechter einer Liberalisierung und Republikanisierung Deutschlands ab.

Dabei waren seine Denkmuster und Verhaltensweisen noch überwiegend vom (klein-)bürgerlichen Standesdenken geprägt. Dem Antrag des ebenfalls im Februar/März 1849 neugegründeten Arbeiter-Vereins Gernsbach auf Anschluß an den dortigen Turnverein wurde nicht stattgegeben. Zu frisch war offensichtlich noch die Erinnerung an die panikartige Stimmung des Frühjahrs 1848, als Begriffe wie Arbeiter und Handwerksburschen gleichgesetzt wurden mit einfallenden, raubenden und plündernden Söldnern. Sicherlich spielte auch die Befürchtung eine gewichtige Rolle, die Aufnahme der *Arbeitergehilfen* könne Unruhe in den Verein hineintragen. So wurde die Ablehnung auch unumwunden mit der Furcht um den weiteren Bestand des Vereins begründet, indem *ein halbes Dutzend wackerer Bürger* bereits ihren Austritt angedroht hatten.[39] Dem Arbeiter-Verein Gernsbach, bei dem Friedrich Höflein Vorstand war und mit Anton Burkard, Johann Friedrich, Julius Ott und Friedrich Stickel die Vorstandschaft bildete, blieb der Zutritt zur Gernsbacher Bürgerwelt verwehrt. Er ist zu den ältesten Arbeiterorganisationen im mittelbadischen Raum zu zählen.

Natürlich hatten die konservativen Kräfte in der Stadt dem vielfältigen Treiben der Demokraten nicht untätig zugesehen. Ihre Reaktion erfolgte prompt, wenn auch ohne nachhaltige Wirkung. Bereits am 10. Februar 1849 war mit dem *Vaterländischen Verein* eine weitere politische Gruppierung aus der Taufe gehoben worden, die das auch von Amts wegen erwünschte konservativ-liberale Gegengewicht zu den im Turnverein organisierten Republikanern bilden sollte. Mit Befriedigung konnte das Amt am 12. Februar 1849 nach Karlsruhe berichten: *... ist am letzten Samstag an der Spitze von vielen wakren Bürgern dahier sowie sämtlicher hiesiger Staatsdiener und übrige Bedienstete ein Gegenverein gebildet, der sich dem größeren vaterländischen Verein zum öffentlichen Wohl an-*

Schauplatz der Revolution in Baden

schließen wird, indem eine Minorität dahier dem Brentano Verein sich zuneigt.[40] Mit Brentano-Verein war die landesweite Volksvereinsorganisation gemeint, die sich an der Jahreswende 1848/49 neu zusammengefunden hatte und die mit ihren Zirkularschreiben vom Januar 1849 zur Gründung eines weitverzweigten Netzes demokratischer Volksvereine aufgerufen hatte. An ihrer Spitze stand mit Lorenz Brentano ein populärer linksliberaler Kammerabgeordneter aus Mannheim, wo sich auch der provisorische Landesausschuß der Volksvereine befand. Starker Mann in der Organisation war allerdings der Kameralpraktikant Amand Goegg aus Renchen, der als Vizepräsident der Volksvereine die organisatorischen Fäden in der Hand hielt. Die politische Zielrichtung des Turnvereins Gernsbach unterstrich auch das Bezirksamt, indem es ihn mit einem Volksverein gleichsetzte; für konservative Zeitgenossen in Gernsbach waren Volks- und Turnvereine lediglich im Namen unterschiedliche Vereine mit identischer politischer Zielsetzung. Zum Vorstand des Vaterländischen Vereins, der sofort in die Öffentlichkeit ging und eine publizistische Offensive startete, wurde der Bürgerwehrmajor und Gemeinderat Wilhelm Grötz

Der Gernsbacher Marktplatz um die Jahrhundertwende mit Altem Rathaus und Amtshaus im Hintergrund

Gernsbach 1847 - 1849

gewählt. Er stand hinter der Petition zur Beibehaltung der Zweiten Kammer, die in der ersten Februarhälfte in Gernsbach zustande kam. Zusammen mit dem Vaterländischen Verein in Rastatt, dessen Filiale der Gernsbacher Verein war, gründete er sogar eine Zeitung „Der Murgbote", die als konservativer Widerpart des „Wächters" wirken sollte.

Dieses konservative Gegengewicht, das nicht nur in Gernsbach, sondern auch in vielen anderen Orten zumindest ansatzweise Fuß fassen konnte, kann als Symbol für die an der Jahreswende 1848/49 festzustellende politische Großwetterlage gesehen werden. Die alten Gewalten hatten sich nicht nur in Wien und Berlin wieder eindeutig durchgesetzt, sondern auch in Baden an Gewicht gewonnen. Bei der am 12. Januar 1849 durchgeführten Erneuerungswahl zum Gernsbacher Gemeinderat kam dies deutlich zum Ausdruck. Die seit 1843 amtierenden Gemeinderäte Karl Ettlinger (konstitutionell-liberal), Jakob Fischer (konstitutionell-liberal) und Gustav Wallraff (republikanisch) mußten sich nach Ablauf der Legislaturperiode erneut dem Votum der Wähler stellen, zwei weitere, Andreas Dieterle und Friedrich August Schickardt, schieden vor Ablauf ihrer Dienstzeit freiwillig aus dem Gremium aus. Die 287 der insgesamt 374 Wahlberechtigten, die an diesem Freitag persönlich im Rathaus erschienen und die Wahlzettel abgaben, wählten überwiegend regierungstreue Kandidaten, die der konstitutionell-liberalen Kammermehrheit nahestanden. Eine eindeutige Abfuhr erhielten die beiden stadtbekannten demokratischen Kandidaten, Gustav Wallraff und Sebastian Layer, letzterer seit kurzem verantwortlicher Redakteur des „Wächters an der Murg". Sie landeten mit 99 resp. 82 abgegebenen Stimmen auf den letzten beiden Plätzen der Kandidatenliste. Es war dies eine Wahl, bei der der Bürger seinem Wunsch nach Ruhe, Geborgenheit und Sicherheit, nach der ihn dominierenden Prämisse „keine Experimente" Ausdruck verlieh. Wilhelm Grötz, Kommandant der Bürgerwehr und Vorstand des Vaterländischen Vereins, der bei der Ergänzungswahl zum Gemeinderat im Mai 1848 mit 63 Stimmen dem Demokraten Jakob Rothengatter (171 von 249 abgegebenen Stimmen) noch klar unterlegen war, erzielte mit 199 Stimmen das drittbeste Ergebnis, lediglich übertroffen von den beiden Altgemeinderäten Jakob Fischer (256 Stimmen) und Karl Ettlinger (253 Stimmen). Beide hatten im Gegensatz zu Gustav Wallraff keine Schwierigkeiten wiedergewählt zu werden.[41]

Natürlich herrschte in den Reihen der demokratisch gesinnten Kräfte tiefe Enttäuschung über das unerwartete Ergebnis. Der Blick auf die harte und schmerzliche Realität der kleinbürgerlichen Befindlichkeit blieb allerdings verstellt, realistische Analysen über Ursachen des Debakels und mögliche politische Konsequenzen waren daher nicht möglich. Statt dessen machte das Gerücht vom Wahlbetrug die Runde, und schon am 17. Januar 1849 erschien im „Wächter" ein anonymer Artikel, der Furore machen sollte. Hierin wurde unausgesprochen der zweite Beamte des Oberamtes, Amtmann Louis Dill, bezichtigt, gegen den edlen Grundsatz des Beamtentums, *nämlich: Unparteilichkeit und Moralität*, verstoßen zu haben und als treibende Kraft hinter *Wahl-Bestechungen* gestanden zu sein. *Man bewirthete in mehreren Wirthshäusern längere Zeit vor der Wahl und unmittelbar darauf die willfährigen Wähler*, lautete einer der Vorwürfe; in den Augen des anonymen Artikelschreibers durchaus ausschlaggebend für die Wahlniederlage der republikanischen Kräfte, waren es doch gerade die Unterprivilegierten, die in *Dürftigkeit* und *Abhängigkeit* Lebenden, die auf diese Art der republikanischen Gruppe, ihren eigentlichen Interessenvertretern, entfremdet worden waren.[42]

Groß war die Erregung in den Reihen der Majorität ob dieses Vorwurfes. Am 19. Januar versammelten sich ca. 150 ihrer Anhänger, um über Maßnahmen gegen den Artikel und seinen immer noch unbekannten Schreiber zu beraten. Der zweite Redakteur des "Wächters", Jakob Bürgin, sollte gezwungen werden, den Namen preiszugeben. Als eine von der Versammlung zu seinem Hause entsandte Delegation unverrichteter Dinge zurückkehrte, drohte die Sache zu eskalieren. Schmährufe und Forderungen nach gewalttätigem Einschreiten gegen den Redakteur des „Wächters" wurden ausgestoßen. Bürgermeister Drissler, *von der immer mehr aufgereg-*

Schauplatz der Revolution in Baden

Amtmann Louis Dill und seine Gattin Rosa waren die Vertreter der großherzoglichen Gewalt in Gernsbach.

ten Versammlung .... Schlimmes fürchtend, ließ umgehend den Gemeinderat und Bürgerausschuß, die Offiziere und Unteroffiziere der Bürgerwehr sowie Amtmann Dill auf das Rathaus laden, wo sich in der Zwischenzeit auch die Redakteure des Blattes, Bürgin und Layer, eingefunden hatten. In diese aufgeregte Menge platzte Casimir Griesbach, Schiffer und als Vorsitzender des Turnvereins einer der exponiertesten Vertreter der Demokraten am Ort, mit dem Geständnis, Verfasser des Artikels zu sein. Umgehend wurde er dazu gedrängt, einen Widerruf zu unterschreiben, der in den nächsten Tagen in vielen Zeitungen der Region erschien.[43]

Louis Dill seinerseits suchte Rechtsschutz bei seiner vorgesetzten Behörde. Er verlangte die förmliche Eröffnung eines Untersuchungsverfahrens der Staatsanwaltschaft gegen Casimir Griesbach sowie dessen Verurteilung in *eine 6wöchentliche Gefängniß Strafe oder eine Geldstrafe von wenigstens 200 fl.*[44] Weder die Regierung des Mittelrheinkreises noch das zusätzlich von Dill angerufene Innenministerium konnten sich jedoch zu diesem Schritt durch-

Schauplatz der Revolution in Baden

ringen. Zu vage waren nach beider Meinung die Aussichten, eine Verurteilung Griesbachs vor den Schranken eines Geschworenengerichts zu erreichen. Zum einen war der Amtmann im Artikel nicht namentlich genannt worden, zum andern habe die verleumderische Kritik nicht seinem dienstlichen Verhalten gegolten. Doch dies war nur die offizielle Begründung. In Wahrheit hatte die Zentrale in Karlsruhe kein Interesse, das allgemeine Problem der staatlichen Wahlbeeinflussung vor den Schranken eines Geschworenengerichtes in aller Öffentlichkeit auszubreiten.

Dieser öffentliche Streit zwischen einem exponierten Vertreter der republikanischen Bewegung und einem Repräsentanten der Staatsmacht und damit der konstitutionell-konservativen Gruppierung in der Stadt, ist charakteristisch für die zunehmende Schärfe in der politischen Auseinandersetzung im Frühjahr 1849. Der Krieg der Worte war schon entbrannt, lange bevor die ersten Schüsse fielen. Mißtrauisch beäugten sich die beiden Gruppierungen und versuchten, die Aktivitäten der anderen zu konterkarieren. Als am 7. Februar die Nachricht bekannt wurde, daß 163 männliche Einwohner aus Gernsbach ihrem Wahlkreisabgeordneten Pfarrer Lehlbach eine Petition hatten zukommen lassen, in der eine Auflösung der Zweiten Kammer gefordert wurde, ruhte die Gegenseite nicht eher, bis eine Gegenpetition um Nichtauflösung in der Stadt zustande gekommen war.

Trotz der starken konservativen Fraktion machte sich auch der Gernsbacher Gemeinderat die Forderungen nach Transparenz und öffentlicher Kontrolle der politischen Entscheidungen zu eigen. Am 27. April 1849 beschloß er die künftige Öffentlichkeit seiner Sitzungen. Diesem Beschluß war zwar angesichts der Ereignisse der kommenden Wochen nur wenig Wirksamkeit beschieden. Doch damit hatten sich im lokalen Rahmen Prinzipien durchgesetzt, die auf der parlamentarischen Bühne als Standards galten. Gemeindepolitik sollte sich zukünftig ebenfalls im öffentlichen Raum abspielen.[45]

Im gesamten ersten Quartal des Jahres 1849 rissen die öffentlichen Plänkeleien zwischen den nunmehr verfeindeten Gruppierungen in Gernsbach nicht ab. Sie spiegeln die politische Situation im

Reich wider, in dem die beiden politischen Lager ebenfalls immer mehr auseinander drifteten. Während sich mit der Realisierung der „Märzforderungen" - Aufhebung der Zensur, Ablösung der Grundlasten, Assoziationsfreiheit, Einführung von Schwurgerichten etc. - die politische Energie der konstitutionell-liberalen Gruppe deutlich minderte und man sich mit dem Erreichten vollkommen zufrieden gab, ja jede weitere Veränderung fürchtete, radikalisierte sich die Linke zunehmend.

Noch vor Jahresende 1848 waren als Teil der zukünftigen Reichsverfassung die "Grundrechte des deutschen Volkes" publiziert worden. Religionsfreiheit, Pressefreiheit, Vereinsfreiheit, all die Forderungen, für die die Liberalen seit Jahrzehnten gekämpft hatten, waren darin aufgenommen und als bindend für die Einzelstaaten vorgegeben. Die neuen Freiheiten wurden auch in Baden weidlich ausgenutzt. Unter Federführung des aus Renchen stammenden Amand Goegg bildete sich im Winter 1848/49 ein landesweites Netz demokratischer Volksvereine, die das Reformwerk der Paulskirche zum einen unterstützen, zum andern aber in Richtung auf eine Republikanisierung Deutschlands weitertreiben wollten. Denn so sehr man Hoffnungen auf Frankfurt setzte, so sehr fürchtete man, daß das Verfassungswerk am Widerstand der deutschen Fürsten scheitern werde. Nur gering war das Vertrauen in deren Reformwillen und Reformfähigkeit entwickelt.

Die düsteren Prophezeiungen der Demokraten bestätigten sich. Die Reichsverfassung wurde von den beiden deutschen Großmächten Preußen und Österreich abgelehnt, auch Bayern weigerte sich, sie anzuerkennen. Damit war das Votum der kleinen Staaten des Deutschen Bundes - darunter auch Baden - vom 14. April 1849, in dem sie sich für die Annahme der Reichsverfassung aussprachen, fast wertlos geworden. Der preußische König Friedrich Wilhelm IV. gar lehnte die ihm von der Nationalversammlung angebotene deutsche Kaiserkrone brüsk ab. Monarch von "Gottes Gnaden" wollte er weiterhin sein, nicht ein vom Volk eingesetztes Oberhaupt!

Die Hoffnungen der Liberalen in das Frankfurter Parlament hatten sich als zu optimistisch erwiesen. So gewann *die Argumenta-*

tion der entschiedenen Republikaner und Sozialisten, die schon längst nichts mehr mit Wahlen und Parlamentsarbeit im Sinne haben, immer mehr an Boden, daß man eine Veränderung der Verhältnisse nur über eine unerbittliche, neue, 'zweite Revolution' erreichen könne.[46] Eine ungeheure Welle der Erregung wogte durch das Land. Enttäuschung wandelte sich in Wut; Wut in die Bereitschaft und den Willen, die Reichsverfassung notfalls mit Waffengewalt zu erzwingen. In Sachsen brachen Anfang Mai 1849 Aufstände aus, die Rheinpfalz sagte sich zur selben Zeit von Bayern los und erklärte, ebenfalls für die Reichsverfassung kämpfen zu wollen. Nun schlug auch die Stunde der Volksvereine in Baden. Eine gewaltige Kampagne für die Annahme der Reichsverfassung, die in Gefahr geraten war, auf den Abfallhaufen der Geschichte zu wandern, wurde inszeniert. Dabei konnten die Vereine in dieser Frage auf eine breite Unterstützung im gesamten Land rechnen, auch wenn zumindest nach Ansicht Goeggs die Reichsverfassung nur eine Zwischenetappe auf dem Weg zur sozialen Republik darstellen sollte.[47]

Daß in Gernsbach, an der Jahreswende 1848/49 bereits agitatorisches Zentrum der revolutionsbereiten Kräfte im Murgtal, die Gründung des Volksvereins erst Anfang Mai erfolgte, muß erstaunen. Schließlich hatte der Zentralausschuß der Volksvereine in Mannheim mehrere Male eine solche Gründung angemahnt. Primär schien dieses Unterfangen an der Person des Vorsitzenden zu scheitern. Denn Dr. Kürzel, von mehreren Seiten bedrängt, zierte sich noch, ehe er diesen Posten Anfang Mai mit der Absicht annahm, *ein mögliches Gleichgewicht gegen den überhandnehmenden Ortsterrorismus des vaterländischen Vereins herzustellen.* Sicherlich hing dieser späte Zeitpunkt jedoch auch damit zusammen, daß mit dem Turnverein bereits eine Organisation existierte, die sich als Sammelbecken für alle republikanischen Kräfte der Stadt verstand und die genau die Politik zu erfüllen in der Lage war, die andernorts die Volksvereine betrieben. Zuerst mußte daher das Verhältnis zwischen der politischen Organisation „Turnverein" und der neu gegründeten politischen Organisation „Volksverein" abgeklärt werden. Am Donnerstag, den 3. Mai, fand im Gasthaus zum Goldenen Bock die wöchentliche Versammlung des Turnvereins statt. Im Mittelpunkt der Beratung stand die Frage *über das Verhältnis der Turner zum neu gegründeten Volksvereine.* Einigkeit über die gemeinsamen politischen Ziele und Übereinkunft zur Zusammenarbeit wurden offensichtlich problemlos erreicht. Denn als am 5. Mai der provisorische Vorstand des Volksvereins die *Freunde der Volkssache* für den kommenden Tag in den großen Saal des Badischen Hofs einlud, wies die Vorstandschaft des Turnvereins auf die Veranstaltung werbend hin und forderte, *daß die Turner der Versammlung anwohnen.*[48]

Über hundert Gernsbacher, die folgerichtig dem neuen Volksverein beitraten, nahmen an dieser Versammlung teil. Ihr Hauptzweck war offensichtlich die Wahl eines Delegierten zu der für den folgenden Samstag, den 12. Mai, in Offenburg geplanten Landesversammlung der Volksvereine Badens. Am darauffolgenden Tag war ebenfalls in Offenburg eine Volksversammlung zur Unterstützung der Reichsverfassung vorgesehen. Allenthalben gärte es. Der in Mannheim ansässige provisorische Landesausschuß der Volksvereine in Baden hatte schon am 1. Mai 1849 zur Volksbe-

Das Gasthaus zum Goldenen Bock war das Versammlungslokal des Gernsbacher Turnvereins.

waffnung aufgerufen. Am Tag darauf war Kaiserslautern Schauplatz einer Volksversammlung gewesen, die mit der Wahl eines Landesverteidigungsausschusses *zur Durchführung der Reichsverfassung* den ersten Schritt zur pfälzischen Revolution bereits vollzogen hatte.[49]

Parallel zur politischen Arbeit der über 500 Volksvereine wurde in den Militäreinheiten und den Garnisonen die Agitation durch revolutionäre Vertrauensleute intensiviert. Erregte Diskussionen unter den Soldaten über ihr Verhalten im Falle einer Revolution, erste Verbrüderungsszenen zwischen großherzoglichem Militär und demokratisch geführten Bürgerwehreinheiten sowie erste Fälle von Gehorsamverweigerungen und kleineren Meutereien waren die Folge. Besonders in der nahegelegenen Bundesfestung Rastatt kochten die Emotionen über. Die Soldaten forderten die Ausdehnung der Grundrechte, darunter vor allem die Vereins- und Versammlungsfreiheit, auf das Militär. Nach heftigen Diskussionen mit dem Festungsgouverneur wurde es den Kompanien gestattet, Vertreter zur Offenburger Volksversammlung zu entsenden. Als diese in den frühen Morgenstunden des 13. Mai 1849 mit dem Zug nach Offenburg fuhren, trafen sie auf zahlreiche Gesinnungsgenossen aus der Stadt Gernsbach und dem ganzen Murgtal, die sich ebenfalls auf dem Weg nach Offenburg befanden. Darunter waren mit Gustav Wallraff und Veit Kaufmann angesehene Demokraten der Stadt; dabei auch fast das komplette Musikkorps des Turnvereins, das in Baden-Oos zustieg und mit seinen Instrumenten die Fahrt und die Offenburger Veranstaltung selbst musikalisch umrahmte: *Unterwegs wurde an allen Bahnhöfen Musik gemacht. In Offenburg kamen wir und die Badener auf beide Seiten der Rednertribüne und spielten dann in den Pausen.*[50] Der offizielle Abgesandte des Gernsbacher Volksvereins, Ratschreiber Raphael Weil, war bereits am Vortag nach Offenburg abgereist und hatte an der dortigen Volksvereinssitzung teilgenommen.

Zweifelsohne wird die Gernsbacher Gruppe, die sich in Offenburg mit ihm im Zähringer Hof traf, den anderen Teilnehmern mit einem gewissen Stolz über die Situation in ihrer Stadt berichtet haben. Die politische Mobilisierung der Bürger schritt unaufhaltsam fort, und die meisten waren entschlossen, die einmal errungenen, in der Reichsverfassung niedergelegten Freiheiten und Menschenrechte notfalls mit der Waffe in der Hand zu verteidigen. *Über Hundert* Männer der Gernsbacher Bürgerwehr hatten schon am 8. Mai per Flugblatt eine entsprechende Versicherung abgegeben, *die Reichsverfassung gegen jeden verfassungsverletzenden Angriff zu verteidigen.* Anerkennung und Umsetzung der Reichsverfassung, nicht jedoch Staatsumwälzung und Einführung der Republik, war das einigende Band, das die Menschen zusammenhielt. Denn ebenso entschieden wie für die Reichsverfassung hatte sich die Versammlung der Gernsbacher Bürgerwehr gegen Versuche des liberal dominierten Gemeinderats gewandt, die Bürgerwehr einer Neuorganisation zu unterziehen und zugleich den politisch nicht opportunen Kommandanten Grötz auszuschalten.[51]

Die vom Mannheimer Wehrausschuß, einer vom Landesausschuß am 10. Mai eingesetzten Kommission zur Durchführung der Volksbewaffnung, geforderte Aufstellung von Freikorps, schien in Gernsbach auf fruchtbaren Boden gefallen zu sein. Am Tag des Landeskongresses der Volksvereine fand im Gasthaus zum Goldenen Bock in Gernsbach eine Versammlung statt, deren einziges Ziel die Organisation eines solchen Freikorps war. Dazu hatten in bekannter Eintracht Turnrat und Volksverein, dem sich übrigens sofort nach seiner Gründung mehr als 100 Mitglieder anschlossen, gemeinsam eingeladen.

Die Revolution setzt sich durch: Gernsbach im Mai 1849

Gespannt wird ganz Gernsbach am Sonntag, den 13. Mai, die Rückkehr der Delegierten aus Offenburg erwartet haben. Aus der Festung Rastatt kamen aufregende Neuigkeiten. Dort lag die militärische Disziplin am Boden, war die Autorität der großherzoglichen Offiziere bereits zusammengebrochen, und die Soldaten selbst schwankten *zwischen Meuterei, Auseinanderlaufen und Kampf für die Reichsverfassung.*[52] Auch in Gernsbach herrschte den ganzen Tag über eine *allgemeine Aufregung in der Stadt*, verzeichneten die Wirte Rekordumsätze, fanden auf dem Rathaus Beratungen der Demokraten darüber statt, welche Maßnahmen zukünftig zu ergreifen seien. Möglicherweise kamen Raphael Weil und Veit Kaufmann im Gefolge Amand Goeggs aus Offenburg zurück, der sich an der Spitze eines Zuges von 160 entschlossenen Republikanern nach Rastatt begab, um die Festung für die Sache der Revolution zu sichern. Gustav Wallraff brachte bereits gedruckte Exemplare der Offenburger Forderungen mit und verteilte sie unter seine Gesinnungsgenossen. Christian Bucherer, der als einer der letzten gegen Mitternacht aus Offenburg in Gernsbach eintraf und im Wirtshaus zum Goldenen Bock den gespannten Zuhörern von seinen Eindrücken und den Ergebnissen der Versammlung berichtete, wurde mitten in der Nacht auf das Rathaus gerufen, um die dort versammelten Gemeinderäte über die letzten Neuigkeiten zu informieren. Unsicherheit herrschte vor, auch wenn die Nachrichten aus Offenburg und die aus Rastatt auf den Anfang einer Revolution hindeuteten. Noch schritt man allerdings nicht zu konkreten Aktionen. Bürgermeister Drissler, der den ebenfalls auf das Rathaus berufenen Bürgerwehrmajor Wilhelm Grötz gegen Mitternacht aufforderte, Generalmarsch zu schlagen und die Mannschaft des 1. Aufgebots sofort zu sammeln, begnügte sich nach einigen Diskussionen mit dem Verschieben der Mobilisierung auf den kommenden Morgen und erklärte sich bereit, auf *höhere Befehle* zu warten.

Schauplatz der Revolution in Baden

Das Haupt der radikalen Gruppierung in der Stadt, Ratschreiber Weil, hatte in Baden-Oos den Zug verlassen und sich dem im dortigen Bahnhof aufhaltenden Bevollmächtigten des Landesausschusses, Gustav Struve, zur Verfügung gestellt. Von dort gingen am 14. Mai Aufforderungen an die umliegenden Gemeinden, die Mannschaft des 1. Aufgebots nach Oos, *dem Sammelplatz des Volksheeres zu schicken, von wo aus die Rechte, wie sie zu Offenburg neuerdings beschlossen, verfochten werden sollen.*[53] Ob Gernsbach eine solche Aufforderung erhalten hat, ist ungewiß. Doch auch ohne durcheilte das gesamte Murgtal in Windeseile die Nachricht vom Ausbruch der Revolution. Noch in der Nacht vom 13. auf den 14. Mai wurde in Forbach durch einen Papiermachergesellen mit der Trommel der Bürgerwehr Generalmarsch geschlagen und das 1. Aufgebot mobilisiert, das bereits im Morgengrauen in Gernsbach einmarschierte.

Als Weil mit umgegürtetem Säbel am Vormittag des 14. Mai in Begleitung eines bewaffneten Badener Bürgers in Gernsbach eintraf, waren die Würfel im Lande schon gefallen. Der Großherzog war samt seinen Ministern aus der Landeshauptstadt geflohen, der Landesausschuß zog zu diesem Zeitpunkt, auf Bitten des Karlsruher Gemeinderats, in die Stadt ein und übernahm die Macht. Von Amand Goegg eingesetzte Zivilkommissare schwärmten in die einzelnen Bezirksämter aus, um dort für die Umsetzung der Offenburger Forderungen und die revolutionäre Umgestaltung Badens zu fechten. De facto ging die administrative Gewalt im Lande auf diese neuen Funktionsträger über.

In Gernsbach forderte der Arbeiterverein den Gemeinderat auf, sich diesen Ereignissen nicht zu verschließen und den Kampf für die *deutsche Verfassung* zu unterstützen. Auch Weil erließ an diesem 14. Mai in seiner Eigenschaft als Zivilkommissar für den Amtsbezirk Gernsbach umgehend eine Proklamation *Im Namen des Souveränen Volkes*. Zeitgleich konstituierte sich der demokratisch-republikanische Teil des Gemeinderats als *Provisorischer Centralausschuß für das Murgtal* und erklärte sich als permanent tagend. Mit dem ihm beigegebenen Vorstand des Volksvereins, Dr. Kürzel, bestand

Schauplatz der Revolution in Baden

der Ausschuß aus zehn Mitgliedern. All denen, die sich den neuen Anordnungen widersetzten, wurde die sofortige Verhaftung angedroht. Das Schloß Eberstein, das Gernsbacher Amtshaus, das Forsthaus und das Bezirksforsteigebäude wurden einstweilen unter den Schutz des Gemeinderats gestellt. Nichts symbolisiert treffender den Machtverfall des geflohenen Großherzogs und seiner Landesregierung als der Übergang der Staatsgebäude in die Verfügungsgewalt des Gernsbacher Gemeinderats, der sich nun in großen Teilen als revolutionäres Gremium verstand. Zusammen mit der Weilschen Proklamation gelangte an die Gemeindevorstände des gesamten Amtsbezirks die Aufforderung, die *Mannschaft von 18-30 Jahr ledig und verheyrathet zum Abmarsch bereit zu halten, u. solche mit Waffen, welcher Art solche auch seyn mögen, wie mit den nötigen Geldmitteln zu versehen*.[54] Diese Weisung ergänzte eine Anordnung des Zivilkommissars vom selben Tage, in der er die Bürgermeister des Murgtals aufgefordert hatte, *sämtliche waffenfähige Mannschaft ... mittels Sturmläuten* zu mobilisieren und sie nach Gernsbach zu senden. Raphael Weil demonstrierte nach allen Seiten seine Bereitschaft, die Sache der Revolution mit allen Mitteln, nötigenfalls mit Waffengewalt, voranzutreiben. Letzteres war jedoch nicht nötig, denn er stieß bei seinem Vorhaben auf eine Stimmungslage in Stadt und Amt, die der Revolution, verstanden immer als Kampf für die Durchsetzung der Reichsverfassung, positiv gegenüberstand. Dafür spricht auch, daß bereits am 14. Mai das 1. Aufgebot der Stadt, d. h. alle waffenfähigen Männer zwischen 18 und 30 Jahren, Gernsbach verließ, um nach Karlsruhe zu marschieren und sich dort dem inzwischen als provisorische Exekutivgewalt konstituierten Landesausschuß zur Verfügung zu stellen.

Aus allen Gemeinden des Murgtales waren im Verlaufe dieses Montags Freiwillige und reguläre Mitglieder der 1. Aufgebote nach Gernsbach geströmt, um den Landesausschuß zu unterstützen und die Reichsverfassung zu verteidigen. Das kleine Amtsstädtchen war darauf keinesfalls vorbereitet; der Sicherheitsausschuß leitete den Zustrom umgehend zum angegebenen Sammelplatz Oos weiter. Doch auch das Dorf Baden-Oos und seine Bahnstation gerieten

Dieses bislang unbekannte Jugendportrait des Mannheimer Revolutionärs Gustav Struve befindet sich in Gernsbacher Privatbesitz.

schnell an den Rand ihrer Aufnahmekapazität. Kronenwirt Wunsch aus Forbach, ebenfalls ein amtsbekannter Demokrat, der an der Offenburger Volksversammlung teilgenommen hatte und bei Struve und Blind in Baden-Oos geblieben war, informierte am 15. Mai den Gernsbacher Volksvereinsvorstand Kürzel, *daß der Andrang der bewaffneten Zuzüger aus allen Landesteilen in Oos außerordentlich* sei. Doch auch Scharen unbewaffneter Freiwilliger hatten sich eingefunden. Während die bewaffneten Einheiten zum Schutze Karlsruhes und der Nordgrenze Badens rasch mit der Eisenbahn in das Unterland transportiert werden konnten, kampierte der weitaus größere Rest in der Umgebung der Bahnstation. Der unerwartete Andrang stellte die Organisatoren vor enorme logistische Probleme. Im kleinen Dorf an der Oos mangelte es an Unterkünften und Lebensmitteln, lediglich der Alkohol scheint reichlich geflossen zu sein. Raphael Weil, der sich "Commissair der provisorischen Regierung" nannte und in den ersten Tagen der

Revolution rastlos zwischen Gernsbach und Baden pendelte, wies daher in den frühen Morgenstunden des 15. Mai seinen Gemeinderat an, alle *fremden Zuzüger ... augenblicklich nach Muggensturm zu dirigiren.* Für die an jenem Morgen von ihm nach Hause geschickten Verheirateten des 1. Aufgebots sollten die in der Stadt gebliebenen Ledigen der Altersklasse von 18-30 Jahren einrücken und sich ebenfalls bewaffnet in Muggensturm einfinden.

Mit euphorischen Worten und viel Pathos, vermischt mit revolutionärem Wunschdenken, erfuhr die Stadt Gernsbach an jenem 15. Mai aus dem Munde Weils vom Sieg der Revolution: *Karlsruhe ist in des Volkes Händen; Struve hat die Zügel der Regierung ergriffen und die Stadt wird besetzt. Zwischen 35 und 40.000 Mann stehen zwischen Oos und Durlach.*[55] Zumindest in einer Aussage irrte er sich dabei gründlich. Nicht Struve, sondern eine aus vier Mitgliedern bestehende Exekutivkommission hatte noch am Abend des 14. Mai die Regierungsgeschäfte übernommen, unterstützt vom Landesausschuß, der allerdings mit seinen durchschnittlich 26 Mitgliedern ein denkbar schlechtes Instrument zur Bewältigung der vielfältigen Aufgaben darstellte. Lorenz Brentano, Advokat aus Bruchsal und Integrationsfigur der demokratischen Bewegung, stand der Exekutivkommission als Präsident vor und leitete zugleich die auswärtigen und inneren Angelegenheiten. Ignaz Peter, Bürger aus Achern, ehemaliger Regierungsdirektor und nach dem Hecker-Zug in die Schweiz emigriert, übernahm das Portefeuille der Justiz, Amand Goegg das der Finanzen und der aus Mannheim stammende, aus der Strafanstalt Kislau befreite Oberleutnant Karl Eichfeld als Kriegsminister das Militärwesen.[56] Daß der konsequente Radikale Gustav Struve nicht die ihm von Raphael Weil zugeschriebene Führungsrolle wahrnahm bzw. wahrnehmen konnte, war nicht nur Resultat der Kräfteverhältnisse innerhalb der revolutionären Bewegung, sondern auch Ausdruck ihrer politischen Prioritäten. Die Frage der Republikanisierung Badens, wie von den Linken um Goegg und Struve gefordert, stand hinter dem Bemühen zurück, die Aufrechterhaltung der Ordnung und die Durchführung der Reichsverfassung zu gewährleisten. Dies ent-

Schauplatz der Revolution in Baden

sprach sicherlich der Seelenlage der Mehrzahl der Badener und damit auch der Gernsbacher Bürger;[57] Raphael Weil dagegen wollte und konnte sich mit dem allmählich Beruhigung verheißenden Verlauf der Revolution nicht anfreunden. Für ihn mußte am Ende der revolutionären Dynamik die Republik als Staatsform stehen, die Fundamente des konstitutionellen Systems deswegen radikal zerschlagen werden.

Die politische Sicherung der Macht

Der nahezu reibungslose Übergang der Macht in die Hände des Karlsruher Landesausschusses ließ die Gefahr einer bewaffneten Auseinandersetzung mit Anhängern des Großherzogs vorerst gering erscheinen. Daher wurden die unbewaffneten, zur Verteidigung der Revolution herbeigeeilten Freiwilligen der 1. Aufgebote in ihre Heimatorte zurückgeschickt. Gleichzeitig erging an die anderen Aufgebotsleute die Aufforderung, zu Hause zu bleiben, sich dort *einzuexercieren*, jedoch jederzeit bereit zu sein, *unverzüglich dem Rufe des Vaterlandes Folge* zu leisten.[58]

Das durch die Flucht des Großherzogs sowie seiner Minister entstandene Machtvakuum füllte der Landesausschuß aus. Seine primäre Sorge galt allerdings nicht dem Weitertreiben der Revolution, sondern vielmehr dem Problem, die neue Gewalt im Staate zu etablieren und die dem Lande vermeintlich drohende Anarchie zu verhindern. Dabei war es nicht unwesentlich, sich auch der Kräfte zu versichern, die sich bislang reserviert gegenüber der revolutionären Bewegung gezeigt hatten. Beamte und Staatsdiener waren daher die ersten Adressaten seines Aufrufs vom 14. Mai, in dem der Landesausschuß erklärte: *Wir werden unsere Kräfte daran setzen, bei der Erringung eines volksmäßigen Staatszustandes die volle Freiheit der Person und den Schutz des Eigentums zu wahren. Wir werden alles aufbieten, um die Regierungsmaschine in Gang zu halten; wir werden auf dem Platze bleiben, den die Pflicht und der Ruf des Volkes uns angewiesen, bis das Volk selbst über die Regierung das Nötige verfügt hat.*[59] Fürwahr moderate Töne, die auch in Gernsbach ihre Wirkung nicht verfehlt haben werden. Wichtige Rahmenbedingung für die Konsolidierung der Revolution war die Kontinuität der Verwaltung und zwar auf allen Ebenen. Dazu bedurfte es der Übernahme des großherzoglichen Beamtenapparats und der Mitarbeit der auf ihren Posten verbliebenen Beamten. Als am 15. Mai *die Mitglieder sämtlicher Großherzoglicher Ministerien* den Amtsvorständen des Landes ihre Entscheidung bekannt gaben, *bis auf weiteres ihre Amtsverrichtungen* fortsetzen zu wollen und sich sogar bereit erklärten, den vom Landesausschuß geforderten Diensteid auf die Reichsverfassung in leicht ergänzter Form abzulegen sowie den Anordnungen des Landesausschusses Folge zu leisten, waren wichtige Schritte in diese Richtung getan.[60] Sofort nach Bekanntwerden dieser Erklärung wurde auch in Gernsbach die Vereidigung der großherzoglichen Staatsdiener auf die Reichsverfassung vorbereitet.

Nach dem sonntäglichen Hauptgottesdienst des 20. Mai 1849 legten zuerst 21 Staatsbeamte auf dem Rathaus vor Bürgermeister Drissler den gewünschten Eid ab, ehe Zivilkommissar Weil die kommunalen Beamten in der Stadt verpflichtete. So wie Oberamtmann Oehl, der sich wegen *Unpäßlichkeit* hatte entschuldigen lassen und deswegen den Eid vor einer Delegation des provisorischen Ausschusses für das Murgtal in seiner Privatwohnung ablegen durfte, wurden in den darauffolgenden Tagen alle die Beamten, die an jenem Sonntag nicht erschienen waren, vor die Wahl gestellt, entweder aus dem Dienst auszuscheiden oder aber mit der Eidesleistung den Landesausschuß in Karlsruhe als Exekutive anzuerkennen.[61]

Nach einer im Generallandesarchiv Karlsruhe verwahrten Liste wurden folgende Beamte in der zweiten Maihälfte auf den Landesausschuß vereidigt:

Joseph Wittum	Physikus
Reinhard Herbster	Amtsrevisor
Wilhelm Bürger	Steuereinnehmer
Friedrich Beck	Notar
Eduard Buhlinger	Lehrer
Wilhelm Katz	Stadtpfarrer
David Keller	Lehrer
Friedrich W. Bühler	Steuersergeant
Stephan Gräber	Amtsdiener
Philipp H. Kiefer	Postexpediteur
Kristian Langenbach	Postbeamter
Georg Faißt	Lehrer
Dionis Heitz	Verwalter St. Anna

Gernsbach 1847 - 1849

Johann Peter Raufl	Lehrer
Peter Hoffner	Brigadier
Friedrich Bühlein	Verwalter St. Jakob
Joseph Zeis	Sportelextrahent
Joseph Göppert	Gendarm
Carl Krebs	Dekan
Rudolf Bregenzer	Kaplan
Georg Albert Oehl	Oberamtmann (zu Hause vereidigt)
Maximilian Eichrodt	Bezirksförster (21.5.1849)
Eduard Scherf	Amtschirurg (21.5.1849)
Karl Burg	Steuererheber (21.5.1849)
Kaspar Krätz	Gendarm (22.5.1849)
Hartweg	Bezirksförster (27.5.1849)

Über Eidverweigerungen der großherzoglichen Staatsdiener in Gernsbach berichten die Quellen nichts. Lediglich Diakon Kayser hatte am 19. Mai vor dem Zentralausschuß erklärt, er könne aus Gewissensgründen die neue Regierung nicht anerkennen und sei daher nicht in der Lage, am folgenden Tage den gewünschten Eid abzulegen. Das bestimmte Auftreten Kaysers, der seit Monaten zu den exponiertesten Vertretern der konservativen Partei in der Stadt zählte, verfehlte seinen Eindruck auf die Mitglieder des Zentralausschusses nicht. Gegen das Versprechen, sich *ruhig zu halten*, wurde ihm "Bedenkzeit" eingeräumt. An die sofortige Entlassung Kaysers wagte man sich nicht heran, wohl auch um die noch zögerlichen Bürger Gernsbachs nicht abzuschrecken. Als Kayser am 20. Mai öffentlich für den geflohenen Großherzog betete, wurde ihm zwar von einigen Einwohnern die *nächtliche Erstürmung seines Hauses* angedroht, von Seiten der revolutionären Behörden der Stadt erfolgte allerdings keine Reaktion. Selbst gegen Amtsrevisor Reinhard Herbster war keine Suspendierung ausgesprochen worden, obwohl seine Dienstführung, sein herrisches und autoritäres Auftreten, bereits im Mai 1848 Gegenstand gemeinderätlicher Beratungen sowie Inhalt einer Beschwerde verschiedener Amtsgemeinden beim Justizministerium gewesen waren.[62]

Schauplatz der Revolution in Baden

Stadtpfarrer Carl Krebs erinnerte 1850 in seiner aufrüttelnden Jahrtagsrede an die Ursachen der Revolution.

Die erstaunliche Zurückhaltung der revolutionären Gewalt im Murgtal gegenüber den Repräsentanten der großherzoglichen Verwaltung entsprach keineswegs den Weil'schen Intentionen. Ohne die entsprechende Unterstützung aus Karlsruhe stand der Gernsbacher Zivilkommissar jedoch auf verlorenem Posten. Bereits einmal hatte der Landesausschuß ihm diese Unterstützung verweigert. Schon am 14. Mai hatte Weil den für die Justiz zuständigen zweiten Amtmann des Amtsbezirks Gernsbach, Louis Dill, seines Amtes enthoben. Dill habe, so Weil auf der Gemeindeversammlung am 20. Mai auf dem Rathaus, *in Ausübung der Justizpflege als Mitglied des Vaterlandsvereines seine Stellung als Richter in der Art* kompromittiert, daß er sowohl Kläger als Beklagte über ihre politischen Ansichten zu Protokoll nahm und auch in dieser Beziehung seine Bescheide erließ.[63] Gesinnungsjustiz wurde Amtmann Dill vorgehalten, der es bei Ausbruch der Revolution für klüger gehalten hatte, in *Familienangelegenheiten* für einige Tage aus Gernsbach abwesend zu sein. Als er am 16. Mai in die Stadt zurückkehrte, wurde ihm der Zutritt zur Amtskanzlei verwehrt. Umgehend protestierte er beim Zentralausschuß für das Murgtal gegen seine Amtsenthebung, pikanterweise unter Hinweis auf die Beschlüsse der Offenburger Versammlung, die nichts über die Suspendierung von Beamten enthielten. Bis *auf höhere Anordnung,* so die lapidare Antwort des Gremiums vom 18. Mai, solle es bei der gegen Dill getroffenen Maßnahme bleiben, zumindest bis *durch einen Comissair des Landesausschusses die Angelegenheiten des Murgthales regulirt* werden würden.[64] Gleichzeitig verfaßte der Gernsbacher Gemeinderat einen Bericht an den Landesausschuß in Karlsruhe, in dem er um Versetzung des Amtmanns, des Bezirksförsters Eichrodt sowie des Amtsrevisors Herbster nachsuchte, *indem diese Beamten als grosse Reaktionäre bekannt* seien.

Die Exekutivkommission in Karlsruhe folgte dem Antrag des Gernsbacher Zentralausschusses jedoch nicht. *Wenn die öffentliche Ordnung erhalten werden soll,* so Brentano in seiner Antwort, dürfe *die Verwaltung des Bezirkes, und namentlich die Rechtspflege keine Unterbrechung erleiden.* Kontinuität und Legalität, nicht Umwälzung waren die Leitgedanken, unter denen Brentano die Reichsverfassungskampagne zum Ziel führen wollte. Offiziell monierte der Vorsitzende der Exekutivkommission die fehlende demokratische Legitimation des Antrags, indem ihn nicht die von der (großherzoglichen) Gemeindeordnung vorgeschriebene Gemeindeversammlung, sondern lediglich der Gemeinderat verfaßt und verabschiedet hatte. Amtmann Dill, so die unmißverständliche Anweisung aus Karlsruhe, sei daher wieder einzustellen. Unverzüglich ließ dieser in die nächste Ausgabe des Rastatter Wochenblatts und des Murgboten die Nachricht einrücken, daß das Bezirksamt, nach einigen Tagen der Unterbrechung, seine Tätigkeit wieder aufgenommen habe. Erst als die am 20. Mai abgehaltene Gemeindeversammlung die Absendung des Berichtes über die Gernsbacher Beamten nach Karlsruhe nicht nur nachträglich billigte, sondern dessen Inhalt ausdrücklich bestätigte,[65] indem sie eine gedeihliche Zusammenarbeit mit den drei großherzoglichen Beamten förmlich verneinte, sah sich die Vollzugsbehörde in Karlsruhe zur Erfüllung der nunmehr auf breitem demokratischen Konsens und entsprechend den geltenden Regelungen zustandegekommenen Forderungen gezwungen. Am 23. Mai wurde Amtmann Dill von Brentano seiner Stelle *einstweilen* enthoben und der Rastatter Oberamtsassessor von Wänker zum Dienstverweser in Gernsbach ernannt.[66] Sehr zum Mißfallen der demokratischen Kräfte des Murgtals übrigens, denen von Wänker als *ebenso aristokratisch gesinnt* bekannt war wie Dill und die vergeblich gehofft hatten, *daß wir keinen solchen in unser Murgtal bekommen*.[67] Die ebenfalls geforderte Versetzung des Bezirksförsters Eichrodt wurde am 8. Juni vom Finanzministerium ohne Angabe von Gründen allerdings abgelehnt.

Man sieht an diesem Vorgang deutlich, wie sehr der Landesausschuß in Karlsruhe bemüht war, revolutionäre Willkür, oder was er dafür hielt, zu unterbinden. Auch wenn demokratische Mehrheitsentscheidungen unabdingbare Voraussetzungen für sein Handeln waren, wollte der Landesausschuß ihnen offensichtlich nur dann nachkommen, wenn das primäre Ziel der Aufrechterhaltung von Recht und Ordnung nicht gefährdet schien. Daß sich in der Gemeindeversammlung vom 20. Mai 1849 die große Mehrheit der anwesenden Gernsbacher Bürger für die Absetzung der drei großherzoglichen Beamten aussprach, verwundert nicht. Gemeindeversammlungen nach dem 14. Mai waren immer auch Demonstrationen der revolutionären Gemeindegewalt, die Teilnahme an ihnen Verpflichtung für jeden Sympathisanten der Revolution. Und an Unterstützung scheint es nicht gefehlt zu haben. Zwei Drittel aller Gernsbacher Bürger fanden nach übereinstimmenden Aussagen in den Quellen an jenem Sonntag den Weg in und vor das Rathaus, um über die Absetzung der Beamten abzustimmen; ein gewichtiges Indiz gegen das von der konservativen Geschichtsschreibung schon traditionsgemäß ins Feld geführte Argument der fehlenden "Massenwirksamkeit" der Revolution, ihrer mangelnden Verankerung im Volk und dem vermeintlich geringen Grad seiner Mitwirkung an den Ereignissen des Mai/Juni 1849.

Die für den Bereich der großherzoglichen Behörden festgestellte personelle Kontinuität fand ihre Fortsetzung auch in der kommunalen Verwaltung. Die wenigen Versuche zur Absetzung von Bürgermeistern in den Amtsorten scheinen eher in lokalen Streitigkeiten begründet gewesen zu sein, denn in politischen Motiven. Die große Mehrzahl der Bürgermeister machte zumindest vordergründig mit; sie bewiesen damit auch, daß die Anpassungsfähigkeit und das Beharrungsvermögen der lokalen Honoratioren in den Amtsdörfern sicherlich ebenso bedeutende Rollen wie in der Amtsstadt selbst spielten. In Staufenberg hatte Bürgermeister Schmeißer am 15. Mai 1849 dem Gemeinderat Georg Friedrich Schenkel unfreiwillig Platz gemacht, nachdem im Dorfe Drohungen gegen ihn laut geworden waren. Um Ausschreitungen zwischen Anhängern

Die Patronentasche aus dem Besitz des Bürgerkommandanten Wilhelm Grötz wurde 1997 ebenfalls restauriert.

des alten und des neuen Bürgermeisters zu verhindern, wurde Franz Kürzel als Kommissar vom Gernsbacher Zentralausschuß nach Staufenberg entsandt. Eine unter seiner Kontrolle stattfindende Bürgerversammlung allerdings sprach sich einmütig für den zurückgetretenen Bürgermeister aus, so daß Schmeißer bereits am 16. Mai sein Amt wieder übernehmen konnte.[68] In Obertsrot sollte der gewählte Bürgermeister Sebastian Holzapfel laut Verfügung der Provisorischen Zentralgewalt vom 16. Mai seines Amtes enthoben werden. Bis zu einer Neuwahl wurden die Geschicke der Gemeinde in die Hände des Gemeinderats Johann Adam Hammer und des Hauptlehrers Franz Joseph Rittelmann gelegt. Allerdings scheint sich in Obertsrot niemand um diese Verfügung gekümmert zu haben. Denn noch am 22. Mai präsidierte Holzapfel einer Gemeindeversammlung, die mit überwältigender Mehrheit (81 von 84 Anwesenden) die sofortige Abberufung des Rittelmann von seinem Posten forderte.[69] Auch wenn Lehrer Rittelmann als eines der *Häupter der Lehreropposition im Bezirk* galt, kann die Forderung nach seiner Absetzung kaum als öffentliche Demonstration der Obertsroter Bevölkerung gegen die neuen Gewalten interpretiert werden. Vielmehr kam darin die im Dorfe weitverbreitete Mißstimmung gegen den als unfähigen Pädagogen eingeschätzten Lehrer zum Tragen, der sich zudem durch seine Einmischung in die Dorfpolitik zahlreiche Feinde geschaffen hatte.

Weil der Grat zwischen Anarchie und gelenkter revolutionärer Umgestaltung auch im Amtsbezirk Gernsbach sehr schmal schien, praktizierte der Zentralausschuß in Gernsbach eine eher vorsichtige Personalpolitik. Solange aus der Bevölkerung der Amtsdörfer keine allzu gravierenden Vorwürfe gegen ihre Bürgermeister kamen, beließ der Ausschuß selbst diejenigen im Amt, die wie der Bürgermeister von Hörden, Krieg, als ausgesprochene Gegner der neuen Richtung galten.[70] In solchen Fällen wurde von Seiten des revolutionären Zentralausschusses in Gernsbach versucht, mit der Einrichtung von Sicherheitsausschüssen ein lokales revolutionäres Gremium zu institutionalisieren, das als Gegengewicht zu den zumeist konservativen Gemeindegremien für die Umsetzung der revolutionären Politik auf Gemeindeebene zu sorgen hatte. Der Gemeinderat von Hörden erhielt am 19. Mai die Aufforderung aus Gernsbach, einen solchen Ausschuß zu bilden.[71] In Gemeinden, die Sympathien für die revolutionären Ereignisse hegten, bedurfte es eines derartigen Anstoßes von außen nicht. Nachdem sich in zahlreichen Amtsgemeinden, u.a. in Forbach, spontan solche Sicherheits- und Wehrausschüsse gebildet hatten, wobei ersterer für die *Handhabung der Ordnung und der vernünftigen Gesetzlichkeit* zu sorgen hatte, während der Wehrausschuß für Einberufung, Ausrüstung und Einübung der Aufgebotsmannschaften zuständig war, konnte der provisorische Zentralausschuß in Gernsbach, der sich als revolutionäre Behörde für das gesamte Murgtal verstanden hatte, seine Tätigkeit einstellen. Aus seiner Mitte bildeten sich am 23. Mai ein Sicherheits- und ein Wehrausschuß für die Stadt Gernsbach, denen jeweils fünf Mitglieder angehörten:

Sicherheitsausschuß	*Wehrausschuß*
Carl Drissler, Bürgermeister	Jakob Rothengatter, Gemeinderat
Wilhelm Grötz, Gemeinderat	Alois Haas, Gemeinderat
Wilhelm Seyfarth, Gemeinderat	Franz Kürzel, prakt. Arzt
Gustav Wallraff, Wirt	Gabriel Moest, Büchsenmacher
Friedrich A.Schickardt, Schiffer	Engelhard Sonntag, Apotheker

An der personellen Zusammensetzung der beiden Ausschüsse kann man deutlich die Absicht erkennen, die revolutionäre Bewegung in Gernsbach, die auch hier in erster Linie als "Reichsverfassungskampagne", als Kampf um die Verteidigung der Verfassung des Deutschen Bundes gegen die rückwärtsgewandten Dynastien, und nicht als fundamentale Auseinandersetzung zwischen republikanischem und monarchischem Prinzip verstanden wurde, auf eine breite demokratische Basis zu stellen. Aufrechterhaltung der Ordnung und Durchführung der Reichsverfassung, dieses Begriffspaar entsprach der Gefühlslage auch der Gernsbacher Bürger und Beamten, die den Anordnungen der Ausschüsse um so beruhigter folgen konnten, als mit Wilhelm Grötz und Franz Kürzel konstitutionell-liberale Lokalpolitiker mitarbeiteten, die als Garanten für

Gernsbach 1847 - 1849

eine moderate Politik galten und mäßigend auf eventuelle demokratisch-republikanische Eiferer einwirken konnten.

Bereits in seiner ersten Sitzung, am 15. Mai 1849, hatte der revolutionäre Landesausschuß in Karlsruhe die Auflösung der beiden badischen Kammern beschlossen und die Neuwahl einer Verfassunggebenden Versammlung in allgemeiner, gleicher, direkter und geheimer Wahl verkündet.[72] Die Neuwahl selbst war auf Sonntag, den 3. Juni 1849, festgelegt worden. In jedem der 20 Wahlbezirke sollten an diesem Tage je vier Abgeordnete gewählt werden. Gernsbach gehörte mit den Ämtern Rastatt und Baden zum XII. Wahlbezirk. Wahlkommissionen hatten die Wahlen vorzubereiten, die Auswahl der Kandidaten blieb der Öffentlichkeit vorbehalten, die in öffentlichen Versammlungen für das Verfassungsparlament in Karlsruhe geeignete Männer auswählen sollte. Die demokratischen Kräfte im Wahlbezirk verständigten sich in mehreren Treffen auf ihre Kandidaten. Während über Christoph Wolff, Schriftverfasser, Gemeinderat und Vorstandsmitglied des Badener Volksvereins als Repräsentant des Amtsbezirks Baden sowie über Artilleriehauptmann Schneider als Vertreter der Rastatter Garnison schnell Einigkeit bestand, gingen die Ansichten über die restlichen Kandidaten z. T. recht weit auseinander. In mehreren Konferenzen gelang es nicht, sich auf eine einheitliche Kandidatenliste zu einigen. Während die gemäßigten demokratischen Kräfte für die Kandidatur des Bietigheimer Landwirts und Gemeinderats Joseph Augenstein und des Kuppenheimer Ochsenwirts Karl Bernard (1810-1885) eintraten, sprachen sich die entschiedenen Republikaner für den Heidelberger Lehrer Philipp Stay und Raphael Weil von Gernsbach als zukünftige Abgeordnete des Wahlkreises XII aus. Als Philipp Stay zum Kandidaten des XVIII. Wahlkreises (Neckargemünd, Sinsheim, Hoffenheim, Neckarbischofsheim, Mosbach) gekürt wurde und folgerichtig auf eine Doppelkandidatur verzichtete, stiegen die Chancen Weils, nicht nur als Vertreter des Amtsbezirks Gernsbach, sondern auch als Proporzkandidat der Demokraten und Republikaner aufgestellt zu werden. Joseph Augenstein war in der Zwischenzeit erklärter Favorit des Amtsbezirks Rastatt, um den vierten freien Platz konkurrierten nur noch der Kuppenheimer Bernard und der Zivilkommissar aus Gernsbach.

Weil konnte sich dabei der Unterstützung seines Amtsbezirks sicher sein. Am 28. Mai hatte im Gernsbacher Gasthaus zum Goldenen Bock eine Versammlung der Bürgermeister des Amtes stattgefunden, auf der beraten wurde, wie der *Zersplitterung der Stimmen für die Wahl zur verfassunggebenden Versammlung nach* Karlsruhe entgegengetreten werden konnte. Die anwesenden Bürgermeister, die ausdrücklich aufgefordert worden waren, *noch zwei oder drei angesehene Männer aus der Gemeinde* zu dieser Versammlung mitzubringen, sprachen dabei Weil ihr Vertrauen aus und sicherten ihm ihre Unterstützung zu.[73] Auch eine am 30. Mai in Kuppenheim unter der Leitung des Sulzbacher Lehrers Sebastian Lindau stattfindende Versammlung von 70 Volksschullehrern aus den drei Amtsbezirken Baden, Gernsbach und Rastatt votierte für Weil und stellte sich damit ganz auf die Seite der entschiedenen Demokraten. Sie empfahl ihrem Kandidaten allerdings, verstärkt Wahlkampf im Amtsbezirk Rastatt und in der Garnisonsstadt selbst zu betreiben, um seinen schärfsten Rivalen Bernard auszustechen.[74] Die am selben Tag in Rotenfels stattfindende Versammlung der Vertrauensmänner der Volksvereine der drei Ämter konnte sich zwar nach langwierigen Diskussionen auf Weil als vierten Kandidaten einigen. *Sonderbesprechungen zwischen Abgeordneten der drei betr. Ämter* waren nötig, ehe man schließlich übereinkam, *für das Amt Baden mich, für Rastatt Augenstein aus Bietigheim, für Gernsbach sie selbst als Kandidaten vorzuschlagen*, wie Zivilkommissar Wolff am 31. Mai Raphael Weil mitteilen konnte.[75] Doch dies war nur eine Zwischenetappe auf dem Weg nach Karlsruhe. Denn auch weiter lief alles auf den Zweikampf Weil - Bernard hinaus, da der Kuppenheimer Ochsenwirt seine Kandidatur unbeirrt aufrecht hielt.

Am 1. Juni 1849 erkundigte sich Zivilkommissar Weil beim Oberkommissar des Mittelrheinkreises und Vorsitzenden der Wahlkommission, Bürgermeister Sallinger von Rastatt, nach dem

Schauplatz der Revolution in Baden

Namen des Kandidaten aus dem Militärstande, da sich die *Nachfragen ... durch die Ortsvorsteher unsers Bezirks ... stündlich mehren.* Schließlich mußten noch kurzfristig die Wahlzettel mit den Kandidatennamen beim Büro der Badzeitung in Baden-Baden, die sich nunmehr Mittelrheinische Zeitung nannte und als offizielles Organ des Badener Zivilkommissar Wolff fungierte, in Auftrag gegeben werden. Natürlich war dies nur ein Vorwand, um die Präferenzen Sallingers, der über großen Einfluß im Amtsbezirk verfügte, hinsichtlich des vierten Kandidaten in Erfahrung zu bringen. Sallingers Antwort war beruhigend für Weil, bezeichnete doch dieser die Wahl von Wolff und Augenstein als *gewiß*, während er Raphael Weil gute Chancen einräumte, sich gegen Bernard durchzusetzen. *Sie werden, so viel ich ersehe, in unserm Amt gewählt*, so Sallinger mit sicherem Gespür für die Stimmung der Wähler, die Weil, dem die Stimmen des Amtsbezirks Gernsbach nahezu sicher waren, auch in Rastatt zu favorisieren schienen.[76] Dennoch organisierten Weil und die ihn unterstützenden demokratischen Kräfte in Gernsbach zahlreiche Wahlversammlungen. Selbst im hinteren Murgtal trat der Zivilkommissar als Wahlkämpfer auf, mit der Absicht *diese Winkelgemeinden des Obertals zu erwecken und in die allgemeine Bewegung herein zu ziehen.*[77] Am Pfingstmontag hielt er sich in Forbach auf, zusammen mit Dr. Kürzel, der energisch zur Wahl demokratischer Kandidaten aufforderte und Weil als geeigneten Vertreter der Amtsinteressen für Karlsruhe empfahl. Aktiver Wahlkampf war auch bitter nötig, wie das Ergebnis der Wahlen zur Verfassunggebenden Versammlung vom 3. Juni 1849 im Wahlbezirk XII auswies. Während Christoph Wolff mit 8454 Stimmen, Augenstein mit 8254 Stimmen und Hauptmann Schneider mit 8124 Stimmen keine Probleme hatten, in die Karlsruher Versammlung gewählt zu werden, blieb die Auszählung der 9098 abgegeben Stimmzettel, was den vierten Abgeordneten anbelangte, bis zum Schluß spannend. Am Ende behielt Raphael Weil mit 2838 Stimmen knapp die Oberhand über den Kuppenheimer Ochsenwirt, der 2544 Voten auf sich vereinigen konnte.[78] Als der Vorsitzende der städtischen Wahlkommission, Bürgermeister Drissler, die Wahl

Schauplatz der Revolution in Baden

von Raphael Weil in die Konstituante nach Karlsruhe verkündete, nahmen die demokratischen Kreise in Gernsbach diese Kunde mit Befriedigung auf. Raphael Weil war damit nicht nur der einzige Jude in der Verfassunggebenden Versammlung, sondern überhaupt der erste jüdische Abgeordnete in einem frei gewählten Parlament in Deutschland.[79]

Lediglich für Gernsbach, nicht jedoch für den gesamten XII. Wahlbezirk, liegen Angaben über die Beteiligung an den Wahlen vor. Laut Aussage des bei der Wahlkommission, die aus Bürgermeister Drissler sowie den Bürgern Albert Eberlin, Otto Wielandt, Wilhelm Seyfarth und Georg Abel bestand, tätigen Protokollführers Wilhelm Rothengatter, waren an diesem Sonntag von 480 Wahlberechtigten 254 (= 52,9 %) zur Urne gegangen und hatten ihre Stimmen abgegeben.[80] Diese Angaben stimmen mit den von Sonja Maria Bauer in ihrer Arbeit über die Verfassunggebende Versammlung ermittelten durchschnittlichen Wahlbeteiligungswerte zwischen 45,0 % und 55,9 % überein. Die Tatsache der, verglichen mit den Zahlen des Vormärz, recht hohen Beteiligung an den Wahlen und damit zugleich die Folgerung eines hohen revolutionären Aktivierungsgrades in der Stadt wird durch die Ergebnisse der ebenfalls im Juni 1849 stattfindenden Bürgermeister- wie Gemeinderatswahl gestützt. Schon allein die Tatsache, daß in Gernsbach alle drei vom Landesausschuß und der provisorischen Regierung vorgesehenen Wahlen - Verfassunggebende Versammlung, Bürgermeisterwahl und Gemeinderatswahl - innerhalb weniger Wochen durchgeführt worden sind, ist außergewöhnlich und zeigt den hohen Grad an revolutionärem Elan, der den Amtsbezirk im allgemeinen, die Amtsstadt im besonderen auszeichnete. Doch auch hier agierte Raphael Weil als unermüdlicher Antreiber, der auf die Umsetzung des allgemeinen, freien, gleichen und direkten Wahlrechts (für Männer) sein besonderes Augenmerk richtete. Am 4. Juni forderte er den Führer des in den Unterrheinkreis verlegten 1. Aufgebots der Gernsbacher Bürgerwehr auf, für die Durchführung der Bürgermeisterwahl in seiner Truppe Sorge zu tragen, *da die activen Bürger des 1. Aufgebots, welche im Augenblick die hei-*

ligste Pflicht des Bürgers erfüllen, von der Wahl nicht ausgeschlossen werden dürfen.[81] Bis längstens Donnerstag, den 7. Juni, sollten die von einer Wahlkommission ausgegebenen Stimmzettel im verschlossenen Umschlag bei Weil eingetroffen sein, damit sie in das Ergebnis der am darauffolgenden Tag stattfindenden Wahl einfließen konnten.

Bereits eine halbe Stunde nach Schließung des städtischen Wahllokals stand das eindeutige Ergebnis der Bürgermeisterwahl vom 8. Juni 1849 fest. Von 375 Wahlberechtigten waren 266 zur Urne gegangen, was einer hohen Wahlbeteiligung von knapp 71 % entspricht. Der alte, als überzeugter Demokrat bekannte und als stellvertretender Zivilkommissar auch in die revolutionäre Organisation eingebundene Bürgermeister Karl Drissler war dabei mit einem Traumergebnis von 260 der 266 abgegebenen Stimmen in seinem Amte bestätigt worden. Die sechs restlichen Stimmen, die zu gleichen Teilen für Gemeinderat Wilhelm Grötz und den großherzoglichen Notar Beck abgegeben worden waren, fielen angesichts dieses überwältigenden Vertrauensbeweises der Gernsbacher Einwohner für Drissler kaum ins Gewicht. Voller Stolz konnte noch am selben Tage Wachtmeister Wilhelm Rothengatter seinem *Freund Karli*, dem Sohn des gewählten Bürgermeisters Drissler, die frohe Kunde übermitteln. *Dein Alter ging mit Glanz durch,* so ziemlich respektlos Rothengatter, der den Wahlausgang dennoch zutreffend interpretierte. Mit Böllerschüssen wurde das Ergebnis gefeiert, lähmendes Entsetzen bemächtigte sich der Anhänger des Großherzogs, die es offensichtlich vorgezogen hatten, nicht zur Wahl zu gehen. *Unsere Aristokraten ziehen die Schwänz ein,* eine vollkommen neue Situation für Rothengatter ebenso wie für Gernsbach, *denn bisher waren sie immer oben.*[82]

Mindestens zwei Drittel der wahlberechtigten Gernsbacher hatten sich also bei der Neuwahl des Bürgermeisters für einen Kandidaten entschieden, dessen persönliches Ansehen in ganz besonderem Maße in seiner demokratischen Grundhaltung begründet lag. Sicher darf die Wahl Drisslers nicht zu sehr als überragender Vertrauensbeweis aus Gernsbach für die revolutionäre Exekutive in

Karlsruhe interpretiert werden. Schließlich war der Bürgermeister ja schon vor der Revolution in diesem Amt tätig gewesen und somit seinen Wählern durchaus vertraut. Darüber hinaus repräsentierte er mit seinem Alter, seiner ökonomischen Unabhängigkeit, seinem in langen Jahren politischer Tätigkeit erworbenen Ansehen in der Gernsbacher Öffentlichkeit nicht gerade den Prototyp dessen, was man unter einem Revolutionär verstehen konnte. Auch wenn viele Gernsbacher den ihrer Ansicht nach besten (Fach-)Mann für ihre Stadt gewählt hatten, wird es ihnen sicher bewußt gewesen sein, daß sie mit der Stimmabgabe für Drissler zugleich ein Votum für die revolutionären Ereignisse der zurückliegenden Wochen abgaben. Die ungewöhnlich hohe Wahlbeteiligung und das Drisslersche Ergebnis sind somit doch in gewisser Weise Indikatoren für die hohe Akzeptanz demokratischer Politik in den Mauern der Stadt und zugleich ein Beweis für den Willen der Gernsbacher Bevölkerung, aktiven Anteil am politischen Leben auf lokaler wie auf regionaler Ebene zu nehmen.

Unterstrichen wird diese Aussage durch die am 15. Juni 1849 durchgeführte Gemeinderatswahl, bei der von 375 Wahlberechtigten 244 (= 66 %) zur Urne gingen. Das Ergebnis dieser Wahl muß angesichts der Wahl vom 8. Juni überraschen, erhielten doch die als Anhänger der konservativ-liberalen Gruppierung bekannten Wilhelm Grötz (226 Stimmen), Wilhelm Langenbach (197 Stimmen) und Johann Georg Fieg (144 Stimmen) die meisten Stimmen, gefolgt von den "Republikanern" Alois Haas (132 Stimmen), Jakob Rothengatter (131 Stimmen) und Wilhelm Seyfarth (127 Stimmen).[83] Es hat den Eindruck, als hätten die Gernsbacher dem republikanisch-demokratischen Bürgermeister Drissler ein konservatives Korrektiv beigeben wollen.

Die militärische Sicherung der Macht

Der für einen erfolgreichen Verlauf der Revolution notwendige Prozeß der Machtsicherung wurde nicht allein auf administrativer Ebene entschieden. Zweifelsohne war es wichtig, Kompetenzüberschreitungen und Willkür in der administrativen Umsetzung revolutionärer Macht möglichst zu vermeiden, um nicht dadurch die neue Bewegung in den Augen der breiten, ruhebedürftigen Bevölkerung zu diskreditieren. So blieben Demonstrationen revolutionärer Romantik, wie sie Lehrer Lindau am 14. Mai in Gernsbach der staunenden Bürgerschar darbot, als er mit einer Doppelflinte, zwei Pistolen, einem Dolch und einem Schleppsäbel bewaffnet durch die Straßen eilte, die Ausnahme.[84]

Und doch spiegelten sich im martialischen Auftreten dieses Volksschullehrers zumindest zum Teil die Erfordernisse des Augenblicks wider. Denn die politischen Reformen, die im Landesausschuß in Karlsruhe vorbereitet und diskutiert wurden, besaßen nur dann Aussicht auf langdauernde Wirkung, wenn es der Revolution gelingen sollte, sich militärisch zu behaupten. Von besonderer Bedeutung für die Umsetzung dieser Aufgabe mußte *naturgemäß die Zusammenfügung aller bis dahin spontan und ordnungslos sich sammelnden, unterschiedlich bewaffneten und häufig unzureichend ausgebildeten Soldaten zu einer schlagkräftigen Armee sein.*[85] *Mit Gut und Blut für die deutsche Verfassung zu kämpfen,* darin sah auch der Arbeiterverein Gernsbach das allgemeine Gebot der Stunde und bat den Gemeinderat, ihn darin mit allen Mitteln zu unterstützen.[86]

Daß gerade in den Anfangstagen der Revolution die ordnende und organisierende Hand fehlte, haben auch die aus dem Murgtal stammenden Einheiten des 1. Aufgebots am eigenen Leibe zu spüren bekommen. So gelangte das Staufenberger 1. Aufgebot, unter dem Kommando von Johann Ludwig Fieg, zwar bis nach Muggensturm an die Bahnstation, wurde dort allerdings nicht weiterbefördert, da die gesamte Truppe gänzlich unbewaffnet war. Unverrichteter Dinge rückten die Staufenberger wieder in ihr Dorf ein, nicht ohne *in ihrer Betrunkenheit Geld und Waffen* von Bürgermeister Schenkel zu fordern. Der Weg des Gernsbacher 1. Aufgebots, durch *viele ältere Turner* verstärkt, führte unter dem Befehl des Hauptmann Julius Schober, im Zivilberuf Konditor und Kaufmann, über Baden-Oos nach Ettlingen, wo es mit anderen Aufgeboten vereint, am 15. Mai vom weithin bekannten Demokraten und Mitglied des Landesausschusses Philipp Thiebaut[87] auf die Reichsverfassung und den Landesausschuß vereidigt wurde. Nach einem Aufenthalt von wenigen Stunden in der Residenz Karlsruhe führte der Weg am 16. Mai nach Graben und Philippsburg, wo in den folgenden Tagen Exerzieren sowie die erstmalige Wahl der Offiziere auf dem Tagesplan standen. Am 20. und 21. Mai befand sich die Volkswehreinheit, die in der Zwischenzeit Friedrich Doll unterstellt worden war, in Karlsruhe, ehe sie am darauffolgenden Tag wieder nach Gernsbach entlassen wurde.[88] Ähnlich erging es den Aufgeboten von Forbach, Gausbach, Bermersbach und Hörden, die einige Tage in der Artilleriekaserne in Gottesaue einquartiert waren, ohne daß sich irgendwer um sie kümmerte. Selbst die Versorgung mit Lebensmitteln und Ausrüstungsgegenständen funktionierte nicht. Unzufriedenheit machte sich breit, zumal die aus den Heimatgemeinden versprochenen Lieferungen an Kleidung und Geldmitteln ausblieben. Zivilkommissar Weil, der sich in einem Bericht an das Kriegsministerium über die Behandlung des Aufgebots beschwerte, erreichte schließlich zusammen mit Kürzel, der am 17. Mai, dem Himmelfahrtstag, aus diesem Grunde nach Karlsruhe reiste, den Rücktransport der etwas mehr als 100 Männer.[89]

Im Amtsbezirk angekommen wurden die Aufgebote keineswegs aus der militärischen Disziplin entlassen. Vielfältig waren die Aufgaben, die auf sie warteten. Gemeinsames regelmäßiges Exerzieren aller drei Aufgebote unter Anleitung sogenannter Instruktoren war nur ein Teil des routinemäßigen Ablaufs. Zunehmend wurde das 1. Aufgebot der Amtsstadt zur Bewachung des Schlosses Eberstein eingesetzt, das bereits am 14. Mai unter den Schutz des Gemeinderats gestellt worden war. Zur gleichen Zeit kursierten in der

Gernsbach 1847 - 1849

Zeitgenössische Darstellung der Gernsbacher Bürgerwehr vor dem Brunnen an der Hofstätte.

Stadt Nachrichten von der Verbringung bedeutender Geldvorräte auf das Schloß durch Beauftragte des Großherzogs und davon, daß Mitglieder der geflohenen großherzoglichen Regierung, namentlich Minister Bekk, dort Zuflucht vor den Nachstellungen der revolutionären Behörden gefunden hätten. In den frühen Morgenstunden des 15. Mai zog eine bewaffnete Abordnung aus Gernsbach unter Führung von Dr. Kürzel sowie den beiden Gemeinderäten Wilhelm Grötz und Wilhelm Langenbach auf das Schloß, um dort eine Haussuchung vorzunehmen und den Wahrheitsgehalt der Informationen zu überprüfen. Im Wachzimmer wurden Schloßinspektor Vogt und Gärtner Fels mit den Vorwürfen konfrontiert, die anfänglich Heiterkeit bei den markgräflichen Bediensteten auslösten.[90] Als Inspektor Vogt sein Ehrenwort gab, daß weder Geld noch Personen auf dem Schlosse versteckt seien, zog die Abordnung unverrichteter Dinge wieder ab. Vorsichtshalber versiegelten die Gernsbacher Aufgebotsleute die nicht von den Beschäftigten bewohnten und benutzten Gebäude des Schlosses. Zugleich wurde aus den Reihen des 2. und 3. Aufgebots der Stadt noch am selben Tage eine 24-köpfige Hauptwache gebildet, die unter Leitung der beiden Wachkommandanten Gustav Wallraff und Engelhard Sonntag die Aufgabe hatte, die unter den Schutz der Gemeinde gestellten öffentlichen Gebäude zu bewachen. Eine Abteilung, bestehend aus vier Personen unter Leitung eines Obmanns, war dabei auf das markgräfliche Schloß abkommandiert.[91]

In den nachfolgenden Tagen wurde das Schloß Eberstein trotz des Vogtschen Ehrenworts von weiteren Gruppen genauer unter die Lupe genommen. Schon am 16. Mai erschien eine Abteilung der Baden-Badener Bürgerwehr unter Leitung des Schwanenwirts Heck vor der Wachstube und begehrte im Auftrage des Karlsruher Kriegsministeriums Einlaß. Trotz gründlichster Nachforschungen, wobei natürlich auch die im Keller lagernden Weinfässer inspiziert wurden, zogen diese ebenso unverrichteter Dinge ab, wie am darauffolgenden Tag der Kommandant des Bahnhof Oos, der Österreicher Waldhör, der das Schloß einer erneuten Inspektion unterzog. Noch wurde dabei sorgsam mit dem Eigentum der markgräflichen Familie umgegangen, worauf die Gernsbacher Wachmannschaft ein besonderes Augenmerk hatte. Doch schon die nächste Durchsuchung des Schlosses durch Maurermeister Dürr und den Werkmeister Belzer von Weisenbach am 14. Juni 1849 hinterließ die ersten Spuren von Verwüstung. Beide schreckten auf der Suche nach *geheimen Gewölben* nicht davor zurück, Kellerwände einzuschlagen und Decken zu durchbrechen. Da sich Dürr mit einer Vollmacht aus Karlsruhe ausweisen konnte, wagten die auf das Schloß kommandierten Gernsbacher nicht, dagegen einzuschreiten. Empört beschwerten sie sich am Abend bei Bürgermeister Drissler über den gezeigten Vandalismus, der keineswegs mit den offiziellen Zusicherungen über den Schutz des Privateigentums in Einklang zu bringen war.[92]

Die nahe Grenze zu Württemberg erforderte von der Gernsbacher Bürgerwehr besondere Wachsamkeit, in vielerlei Hinsicht. Zum einen war die Haltung des benachbarten Königreichs zu den Ereignissen in Baden nicht so eindeutig, als daß man eine Inter-

Schauplatz der Revolution in Baden

vention württembergischer Truppen gänzlich hätte ausschließen können. Periodische Berichte über das vermeintliche Zusammenziehen *größerer württembergischer Militärmassen ... in dem württembergischen oberen Murgtale wie in dem Enztale* spornten zu erhöhter Wachsamkeit und Verteidigungsbereitschaft an.[93] Zum andern gehörte der Weg durch das Murgtal zu den bevorzugten, weil kürzesten Strecken ins benachbarte deutsche Ausland, der von vielen, die sich der Verfügungsgewalt des revolutionären Landesausschusses entziehen wollten, gerne benutzt wurde. Immer wieder forderten aus Rastatt stammende Suchtrupps ortskundige Führer an, um flüchtenden Offizieren der großherzoglich-badischen Armee nachzuspüren und sie, wenn es sein mußte, bis über die württembergische Grenze zu verfolgen.[94]

Doch bald sollten diese eher Geländespielen und Treibjagden ähnelnden Aktivitäten ein Ende finden. Auf Pfingstmontag, den 28. Mai 1849, hatten die 1. Aufgebote des Amtsbezirks Gernsbach den Befehl erhalten, sich unter dem Kommando des Badener Sternenwirts Göhringer zu sammeln und zur Sicherung der Grenzen ins badische Unterland abzurücken. Im Gegensatz zu den Tagen nach der Offenburger Versammlung war beim erneuten Ausmarsch der Gernsbacher Aufgebotsleute nichts mehr von revolutionärem Pathos oder gar Euphorie zu spüren. Viele ahnten dumpf, daß es dieses Mal nicht mit einem fröhlichen Auszug aus der Stadt und einem ereignislosen Aufenthalt in der Residenz oder einer kleinen Landstadt sein Bewenden haben würde. Schließlich war der erhoffte revolutionäre Flächenbrand in Deutschland ausgeblieben, hatte keines der angrenzenden Länder den Weg Badens beschritten und die unter Führung des preußischen Prinzen Wilhelm stehenden Bundestruppen rückten bedrohlich näher. Sich öffentlich für politische Reformen einzusetzen war eine Sache, die Errungenschaften kämpfend gegen eine überwältigende Übermacht, die zudem hervorragend ausgebildet und ausgerüstet war, zu verteidigen, durchaus eine andere.

Doch noch zwei andere Umstände hatten zu dieser merklichen Abkühlung bei den 1. Aufgeboten des Murgtals beigetragen. Eini-

Schauplatz der Revolution in Baden

Die zeitgenössische Lithographie zeigt das Lager des preußischen Armeekorps vor Rastatt.

ge Söhne einflußreicher Familien waren ausgerechnet vom Vorstand des Gernsbacher Volksvereins, Dr. Kürzel, der der Auswahlkommission, der sogenannten Assentierungskommission, vorstand, als für den Wehrdienst für untauglich befunden worden. Ob dies nun dem tatsächlichen Gesundheitszustand der Aufgebotsleute entsprach oder nicht, kann von dieser Stelle aus nicht mehr entschieden werden. Tatsache bleibt, daß diese doch generös gewährten Befreiungen bedeutende Irritationen unter den restlichen Aufgebotsleuten auslösten. Selbst das in der Öffentlichkeit so verhaßte Einsteherwesen, das schon vor Ausbruch der Revolution abgeschafft worden war, kehrte quasi durch die Hintertüre wieder zurück. So hatte der aus Hörden stammende Augustin Lang seine Befreiung vom 1. Aufgebot durch eine Verfügung des Karlsruher

Kriegsministeriums unter der Bedingung erhalten, daß für ihn Georg Schütz aus dem 3. Aufgebot von Haueneberstein Dienst im 1. Aufgebot von Hörden mache, während Lang für Schütz Mitglied des 3. Aufgebots von Haueneberstein wurde.[95] Daß dieser Tausch nur unter erheblicher Prämienzahlung des Lang vonstatten ging, versteht sich von selbst. Diese und ähnliche Beispiele dafür, daß die politische Organisationsform sich zwar geändert hatte, die alten ökonomischen Schranken jedoch unverändert fortbestanden, haben sich nicht gerade motivierend auf die Kampfbereitschaft des 1. Aufgebots des Amtsbezirks Gernsbach ausgewirkt.

Dazu kam, daß die Ausrüstung auch der Gernsbacher Aufgebotsleute viel zu wünschen übrig ließ. Von Einheitlichkeit konnte keine Rede sein, selbst die unmittelbar dringendsten Kleidungs- und Ausrüstungsgegenstände waren nicht oder nur in unzureichendem Maße vorhanden. Eine Aufstellung über die Ausrüstung der 96 Wehrmänner im 1. Gernsbacher Aufgebot von Anfang Juni 1849 vermittelt uns davon einen recht guten Eindruck. Danach war das Ausrüstungssoll lediglich bei den Hemden (zwei pro Wehrmann), den Jacken (eine pro Wehrmann) und bei den acht Trommeln für die Einheit erfüllt. Mäntel und Röcke fehlten ebenso gänzlich wie Tornister und Brotsäcke. Nur jeder zweite besaß die bekannte blaue Wehrmannbluse, Schuhe und Hosen trug zwar jeder, doch fehlte jeweils das Paar zum Wechseln, was sich in den regnerischen Tagen Anfang Juni sehr nachteilig bemerkbar machen sollte. Bei der Bewaffnung sah es nicht viel besser aus. Von den 96 Wehrmännern waren lediglich 52 mit einem Gewehr und der dazu gehörigen Patronentasche ausgerüstet. Ob die übrigen mit Sensen bewaffnet waren, wie von anderen Aufgeboten berichtet wird, entzieht sich unserer Kenntnis.[96] Zwar versuchte der Gemeinderat dem abzuhelfen, indem er Mittel aus der Gemeindekasse zur Anschaffung von Ausrüstungsgegenständen zur Verfügung stellte. Die einheimischen Sattler Riedinger und Mattes lieferten z. B. Patronentaschen für 165 fl., der Kaufmann Friedrich Ettlinger den blauen Blusenstoff, den die Witwe des Landchirurgen Knapp im Auftrage des Rates zuschneiderte.[97]

Gernsbach 1847 - 1849

Das 1. Aufgebot des Gernsbacher Amtsbezirks war bei seinem zweiten Auszug ca. 200 Mann stark und wurde nach einem kurzen Zwischenaufenthalt in der Residenz in Heidelberg mit der Lahrer Volkswehr vereinigt und dem Lahrer Kommandanten Baumann unterstellt. Rege blieb die Verbindung zwischen der Heimat und ihren im Felde stehenden Söhnen. Die aus der Stadtkasse dem Gernsbacher Aufgebot mitgegebenen 100 fl. waren schnell aufgebraucht, und die Löhnung aus Karlsruhe ließ trotz gegenteiliger Versprechen auf sich warten. Fast flehentlich klingen die Schreiben, die in den Rathäusern des Amtsbezirks eintrafen und um Lieferung der versprochenen Monturstücke sowie um Geldunterstützung baten.[98] Nur ein Teil der Ausrüstung konnte noch vor Beginn der Kampfhandlungen im Unterrheinkreis geliefert werden, am 5. Juni z. B. 43 Patronentaschen, 43 Bajonettscheiden, 42 Gewehrriemen und 39 Blusen für das Gernsbacher Aufgebot, am 9. Juni 29 Patronentaschen, 29 Bajonettscheiden, 29 Gewehrriemen und 10 Blusen sowie eine Kiste mit Armaturstücken für das Forbacher Aufgebot. Dazu trug sicherlich auch der am 25. Mai bereits erfolgte Aufruf des Gernsbacher Wehrausschusses *an die deutschgesinnten Frauen und Jungfrauen* bei, der eine aktive Mithilfe bei der Verteidigung der *guten Sache* einforderte: *Im Interesse der guten Sache*, so stand auf den Mauernanschlägen geschrieben, *welche die Bewaffnung und Ausrüstung der badischen Bürgerwehr nötig macht, werden die hiesigen Frauen und Jungfrauen gebeten,*
1) für Verbandstücke alte reinliche Leinwand und Charpie zu liefern, dann ferner ersucht
2) Die Fertigung von Blousen für die Bürgerwehr durch ihrer Hände Arbeit zu unterstützen.[99]

Daß dieser Aufruf auf positive Resonanz in den Reihen der Gernsbacher Frauen stieß, muß als sicher gelten. Schließlich fühlte sich das kleine Städtchen auch in dieser Angelegenheit als Teil einer größeren Bewegung, die Baden erfaßt hatte. In vielen Städten und auch Dörfern sind solche weiblichen Unterstützungsaktionen nachweisbar. Am 6. Juni wurde gar von drei Mannheimer Frauen mit Hilfe *hiesiger Frauenzimmer* eine Haus- und Straßensammlung

Schauplatz der Revolution in Baden

in Gernsbach organisiert, die den Zweck hatte, *für die in Mannheim stehenden Volkstruppen Kleidungsstücke und auch Geldbeträge zu sammeln*. Diese Sammlung erfolgte mit ausdrücklicher Billigung des Bürgermeisters, der auf die besondere Vorreiterrolle Gernsbachs für das gesamte Murgtal hinwies und in seiner Bekanntmachung die Hoffnung aussprach, *daß sich die tüchtige Gesinnung der Bewohner von Gernsbach wie immer so auch bei dieser Gelegenheit bewahren werde.*

Von *tüchtiger Gesinnung* war zumindest beim Gernsbacher 1. Aufgebot nichts zu spüren. Zur mangelnden Ausrüstung, die den Eindruck eines bunt zusammengewürfelten Haufens vermittelte, und Geldknappheit kam eine erschreckende Disziplinlosigkeit hinzu, die von den vorgesetzten Dienststellen auf Dauer nicht hingenommen werden konnte. Vor allem die Desertionen und das unerlaubte Entfernen von der Truppe nahmen bedenkliche Ausmaße an. Offensichtlich war bereits beim Ausmarsch aus Gernsbach eine Reihe von Wehrmännern einfach zu Hause geblieben, ohne daß dieses Verhalten Konsequenzen nach sich gezogen hätte. Diese waren auch nur schwer möglich, denn *genaue Listen der Wehrmänner des 1. Aufgebots,* Voraussetzung für eine erfolgversprechende Kontrolle, standen den Führern des Aufgebots nicht zur Verfügung. Zu allem Überfluß hatten sogar der Anführer des Gernsbacher Aufgebots, Karl Schickardt, und einer seiner Offiziere, Casimir Kast, den ersten Aufenthalt in Karlsruhe genutzt, um sich aus dem Staub zu machen. Dieses Beispiel verfehlte seine Wirkung auf den Rest der Truppe nicht. Der an Stelle des Schickardt in Karlsruhe zum Anführer des Aufgebots gewählte Sohn des Bürgermeisters, Karl Drissler, konnte nicht verhindern, daß immer mehr Wehrmänner ihre Einheit verließen und ohne Erlaubnis nach Hause zurückkehrten. *Es haben uns in Karlsruhe folgende verlassen: Fr. Dick, Franz Gerber, Isidor Fieg und Joseph Langenbach, sowie noch mehrere, welche wir Ihnen nicht nennen können, für welche Sie Sorge tragen wollen, daß solche nachkommen,* berichtete Hauptmann Karl Drissler jun. bereits am 1. Juni dem heimischen Wehrausschuß.[100] Diese Entwicklung setzte sich auch auf dem Weitertrans-

Schauplatz der Revolution in Baden

port und dem Aufenthalt des Gernsbacher Aufgebots in der Umgegend von Mannheim und Heidelberg fort. Als am 13. Juni 1849 das Aufgebot zum Morgenappell angetreten war, fehlten z. B. 19 Volkswehrmänner aus dem Murgtal, die sich in der Nacht *ohne Urlaub von ihrem Corps entfernt* hatten.[101] Hauptmann Drissler war allem Anschein nach nicht in der Lage, für die nötige militärische und soldatische Disziplin in seiner Einheit zu sorgen. Auch die Ernennung von Benedikt Kaufmann als interimistischer Kommandant änderte nichts an der Disziplinlosigkeit und der schlechten Stimmung in der Truppe. Nachrichten darüber kursierten auch im Amtsbezirk und von Seiten der Demokraten wurde Kritik laut an der Untätigkeit der militärischen Führung. Der Oberkommandant der Volkswehr des Niederrheinkreises, Germain Metternich, sah sich sogar genötigt, eine Bekanntmachung zu veröffentlichen, wonach *bereits Schritte* unternommen worden seien, *die widerspenstigen Mannschaften des I. Aufgebots zur Ordnung zu bringen*.[102] Zu dieser Widerspenstigkeit trug sicherlich bei, daß der heimische Wehrausschuß der Verbesserung der Ausrüstung nicht die notwendige Sorgfalt widmete und das 1. Aufgebot des Amtsbezirks eher einem bunten Haufen, denn einer schon aufgrund ihrer äußeren Aufmachung erkennbaren militärischen Einheit glich. *So wie die Meisten der Wehrmänner ausgerüstet sind, könne wir unmöglich in den Kampf ziehen,* monierte Benedikt Kaufmann und forderte die unverzügliche Lieferung der vom Wehrausschuß versprochenen Ausrüstungsgegenstände.[103] Besondere Mißstimmung löste die offensichtliche Unfähigkeit der heimischen Behörden aus, die entwichenen Wehrmänner, die in der Regel in der Heimat ihren sonstigen Verpflichtungen und Geschäften nachgingen, wieder zur Truppe zurück zu befördern. So forderte Drissler am 16. Juni den Wehrausschuß auf, *mit energischen Maßregeln* dafür zu sorgen, daß der in Muggensturm desertierte Jakob Wurz aus Gernsbach nachgeschickt werde. Dies könne *zur Beruhigung unserer Mannschaft* wesentliches beitragen.[104] Die Geldlieferungen der Stadt hoben dagegen nur kurzzeitig die Stimmung unter den Wehrmännern. Damit war das 1. Aufgebot des Murgtals denkbar schlecht vorbe-

Gernsbach 1847 - 1849

Zu einer dramatischen Gefangennahme von Anhängern der Revolution kam es in Weisenbach.

reitet auf die scheinbar unvermeidlichen Zusammenstöße mit den Bundestruppen unter preußischer Führung. Die Auflösungserscheinungen bei der Volkswehr allgemein, bei der Gernsbacher Einheit im besonderen, forderten energische Gegenmaßnahmen von Seiten des Oberkommandos der badischen Volkswehren geradezu heraus. Mit dem Weggang des Motors der revolutionären Bewegung im Murgtal, dem ehemaligen Zivilkommissar Weil als Abgeordneter nach Karlsruhe, stand jedoch für Gernsbach die Person nicht mehr zur Verfügung, die für die Umsetzung dieser energischen Gegenmaßnahmen hätte Sorge tragen können. Weder der interimistische Zivilkommissar Bürgermeister Drissler noch der Wehr- oder Sicherheitsausschuß boten die zuverlässige Gewähr für die Erfüllung der geforderten Aufgaben. Nur eine Person von außen, die unbeeinflußt von lokalen Abhängigkeiten und Rücksichten war, kam dafür in Frage.

Am 17. Juni unterzeichnete der Oberkommandant der Volkswehren, Oberst Johann Philipp Becker,[105] in Heidelberg nachstehende Vollmacht, die weitreichende Konsequenzen für Gernsbach und das gesamte Murgtal haben sollte: *Der Bürger Max Dortu,*

Gernsbach 1847 - 1849

Adjutant in meinem Generalstabe, stand da zu lesen, *wird beauftragt, das Gernsbacher und Murgthaler erste Aufgebot vollständig zu organisieren, zu einem Bataillon zusammenzustellen, und die erforderlichen Compagnieeintheilungen vorzunehmen, kurz, es vollständig mobil zu machen. Die Bezirks- und Gemeindebehörden werden angewiesen, seinen dienstlichen Anordnungen Folge zu leisten, der Civilkommissär wird ersucht, ihn möglichst zu unterstützen. Sollten zur Rekrutierung die gütlichen Wege nicht ausreichen, so ist der Bürger Max Dortu ermächtigt, gegen die Widerspenstigen die nöthigen Zwangsmaßregeln in Anwendung zu bringen, wie sie der proklamirte Kriegszustand vorschreibt. Derselbe hat die erforderlichen Berichte sobald als möglich einzuschicken.* Franz Sigel,[106] Chef des Generalstabes, dem diese Vollmacht zur Kenntnis gegeben wurde, wies Dortu zusätzlich an, *aus den dort befindlichen Scharfschützen ein Corps zusammen zu ziehen.*[107] Mit dieser Vollmacht war Max Dortu als neuer Oberbefehlshaber der Gernsbacher Volkswehreinheiten und Militärgouverneur für den gesamten Amtsbezirk installiert. Damit war auch den Autoritäten des Murgtals und der Amtsstadt Gernsbach das Gesetz des Handelns de facto aus der Hand genommen worden.

Daß mit der Organisation der Gernsbacher und Murgtäler Volkswehreinheiten ein Generalstabsoffizier der noch im badischen Unterland operierenden revolutionären Armee betraut worden war, muß auf den ersten Blick erstaunen. Schließlich wurden in den anderen Amtsbezirken diese Organisationsaufgaben in der Regel von Einheimischen ausgeübt. Gernsbach stand nun, was den Mobilisierungs- und Rekrutierungsgrad seiner 1. Aufgebote anbelangte, keineswegs am Ende der Liste. Sicher war jeder Mann wichtig für die kämpfende Truppe, und oftmals konnte ein Fremder sehr viel unbefangener der Musterungskommission vorsitzen als die lokalen, durch vielfältige Abhängigkeiten und persönliche wie private Verbindungen untereinander verflochtenen Honoratioren des Ortes. Doch um dies auszuschließen hätte es keines Generalstabsoffiziers bedurft. Andere Überlegungen müssen daher bei der Ernennung Dortus eine entscheidende Rolle gespielt haben.

Schauplatz der Revolution in Baden

Für das militärische und damit politische Überleben der Reichsverfassungskampagne, unter deren Flagge die Revolution immer noch segelte, war es von entscheidender Bedeutung, inwieweit es ihr gelang, die benachbarten Länder zu einem Mitmachen zu bewegen. Die Hoffnungen auf einen gleichsam automatischen und unaufhaltsamen Export der Revolutionsideen hatten jedoch bereits in den Maitagen 1849 einen erheblichen Dämpfer erlitten. Über verbale Sympathiekundgebungen hinaus war sowohl von den Demokraten in Hessen wie auch von denen in Württemberg die Unterstützung ausgeblieben, hatten vor allem die östlichen Nachbarn die Badener in deren Augen schmählich im Stich gelassen. Darüber konnten auch die einigen hundert württembergischen Freiwilligen, die sich dem revolutionären Kampf in Baden angeschlossen hatten, nicht hinwegtäuschen. Versuche der badischen Republikaner, durch Agitation und Propaganda den revolutionären Funken auch nach Württemberg zu tragen, waren ebenfalls kläglich gescheitert, wie die Verhaftung Joseph Ficklers nach der Reutlinger Volksversammlung in Stuttgart am 1. Juni 1849 zeigte.[108]

Vor allem die entschiedenen Republikaner um Gustav Struve wollten sich mit dieser Tatsache nicht abfinden. Immer wieder forderten sie eine militärische Expedition nach Württemberg, zum einen um dieses Land in die Reihe der Revolution einzugliedern, zum anderen jedoch auch, um die von Frankfurt nach Stuttgart umgezogenen (linken) Reste der Nationalversammlung unter den Schutz der revolutionären badischen Regierung zu stellen. Gernsbach kam nun in diesen Plänen eine besondere Bedeutung zu. Hier sollten große Teile der schwäbischen Freiwilligenverbände zusammengezogen werden und gleichsam im Zentrum der geplanten Expedition nach Württemberg operieren. Ziel der Expedition war Stuttgart. Der rechte Flügel, ein Korps unter dem Württemberger Adolph Maier, sollte von Donaueschingen aus über Rottweil vorgehen, der linke Flügel, bestehend vor allem aus den bekannten Hanauer Turnern unter ihrem Anführer August Schärttner hatte gleichzeitig über Mosbach und Schwäbisch Hall auf die schwäbische Metropole vorzurücken, während das Zentrum, unterstützt

Schauplatz der Revolution in Baden

von Volkswehreinheiten aus dem Murgtal, von Gernsbach aus die württembergische Grenze überschreiten sollte. Diese Aufgabe überstieg sicherlich die strategischen und taktischen Fähigkeiten der Männer, die sich bisher mit der Rekrutierung der Volkswehr im Murgtal beschäftigt hatten. Dazu bedurfte es eines energisch zupackenden Mannes, der "rücksichtslos" die ihm übertragene Aufgabe zu erfüllen suchte.[109]

Eine neue Qualität revolutionärer Aktivität hielt Einzug in der Stadt. Damit sollte auch die Zeit vorbei sein, in der das alltägliche Leben seinem normalen Rhythmus gefolgt war und die Revolution eher einem rauschenden Fest denn einer ernsten Angelegenheit geähnelt hatte.

Das Ende an der Murg

Wie ein Sturmwind fiel der neue Kommandant in das beschauliche Murgtal ein. Max Dortu, 24jähriger Sohn eines preußischen Justizrates und ehemaliger Unteroffizier der preußischen Armee, repräsentierte in der Tat eine neue Qualität revolutionärer Aktivität für Gernsbach wie das Murgtal. Nach seinem Militärdienst unternahm er erste Studienversuche in Finanzwissenschaft in Berlin, ehe er sich im Wintersemester 1845 an der Universität Heidelberg in Jura einschrieb, wo er bis zum Ende des Sommersemesters 1846 Vorlesungen bei Professor Karl Anton Mittermaier, einem der führenden Köpfe der liberalen Opposition und Präsidenten der II. Kammer, hörte. Anzunehmen ist, daß er Kontakte zum "Neckar-Bund" hatte, einer von Karl Blind geleiteten demokratischen Studentenverbindung, aus der zahlreiche Köpfe der Revolution hervorgehen sollten. Bei Ausbruch der März-Unruhen 1848 war er beim Stadtgericht Potsdam beschäftigt. Von ihm stammte der Ausdruck "Kartätschenprinz" für Wilhelm von Preußen. Dafür wurde er wegen Majestätsbeleidigung zu Festungshaft verurteilt, floh jedoch vor Beendigung des Revisionsverfahrens nach Paris. Sofort bei Bekanntwerden der revolutionären Ereignisse in Baden kehrte er im Mai 1849 nach Deutschland zurück. Nach kurzer Beschäftigung im revolutionären Kriegsministerium fand der inzwischen zum Major beförderte Max Dortu im revolutionären Generalstab Verwendung, ehe er seine neue Aufgabe in Gernsbach antrat. Als preußischer Untertan durch seinen Dienst im sog. "Insurgentenheer" mit der Todesstrafe bedroht, hatte Dortu sein persönliches Schicksal mit dem der badischen Revolution aufs engste verwoben. Unbeeinflußt von familiären Verbindungen und damit frei aller Rücksichten stürzte sich Dortu bis an den Rand der physischen Erschöpfung auf seine neue Aufgabe.[110] Seine Distanz zu den lokalen Autoritäten kam symbolhaft schon darin zum Ausdruck, daß er sein Büro im Gasthaus zum Badischen Hof und nicht, wie von Bürgermeister Drissler gewünscht und angeboten, auf dem Rathaus nahm.

Das Gefecht zu Gernsbach am 29. Juni 1849

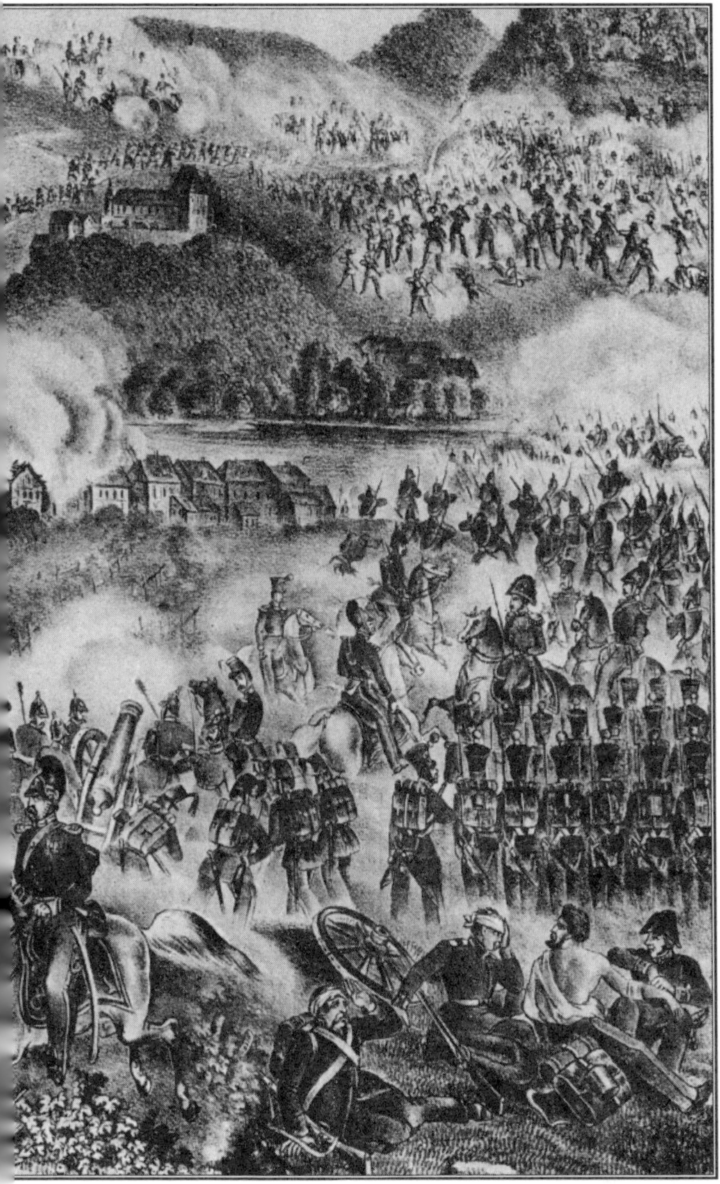

Schauplatz der Revolution in Baden

Bereits einen Tag vor seiner offiziellen Ernennung hatte er als Kommandant des 1. Gernsbacher Aufgebots dem *Bürger Hauptmann Trüssler* (=Karl Drissler jun.) nachfolgenden Befehl zukommen lassen:

Sie haben mir jeden Morgen mit dem ersten Bahnzug eine vollständige Meldung über den Zustand der Compagnie nach Gernsbach zu schicken unter der Rubrik Dienstsachen. Sie haben ferner dafür Sorge zu tragen, daß die strengste Ordnung und Manneszucht in der Compagnie eingeführt wird. Zu diesem Zweck ist es erforderlich:

1. daß der Feldwebel ein vollständiges Wohnungsverzeichnis sämtlicher Mannschaften hat.

2. daß Korporalschaften eingerichtet werden, sofern sie noch nicht existieren, und zwar in der Weise, daß die vorhandenen Unteroffiziere verpflichtet werden, über die verhältnismäßige, ihnen zu untergebende Anzahl von Wehrmännern genaue Aufsicht zu führen und Ihnen darüber Bericht zu erstatten.

3. daß sämtliche Wehrmänner Abends 20 Uhr in ihren Quartieren sein müssen.

4. daß zweimal am Tage und zwar Morgens von 6-8 und Abends von 5-7 Uhr regelmäßig exerziert wird. Des Abends ist vor dem Exerzieren der Verles abzuhalten.

5. daß zum Zusammenrufen der Mannschaften niemals der Generalmarsch gebraucht wird. Solcher darf nur auf meinen Befehl geschlagen werden. Die Leute müssen auf andere Weise zusammen gebracht werden.

6. ist ein besonderer Sammelplatz ein für alle Mal zu bestimmen.

Am 18. Juni inspizierte er das in Heidelberg lagernde Gros des Aufgebots und überprüfte, inwieweit seine *Befehle zur Herstellung der Ordnung* [111] befolgt wurden. Am gleichen Tage verkündete eine Proklamation in Gernsbach für jedermann unmißverständlich die Maxime des Dortuschen Handelns, wobei der Ernst der Lage in ungeschminkten Worten dargestellt wurde. *Einheit, festes Zusammenhalten, Ordnung* und *Gehorsam* waren dabei die Tugenden, die der neue Kommandant von den Amtsbewohnern verlangte und

Gernsbach 1847 - 1849

mit denen er die *Werkzeuge des blutdürstigen Preußenkönigs* bekämpfen wollte. *Es gilt, Eure Freiheit, Eure Unabhängigkeit, Eure Familie, Euer Eigenthum, Euer Leben gegen die andrängenden Preußenhorden zu vertheidigen,* wofür Major Dortu den vollen Einsatz seiner Kräfte zusicherte, im Gegenzug jedoch die bedingungslose Unterstützung der Gernsbacher einforderte. Zugleich warnte er in ebenso unmißverständlichen Worten die *Widerspenstigen, Meuterer und Unruhestifter* und drohte ihnen strenge Bestrafung an. Eine zweite Proklamation an die *Schützen des Schwarzwaldes* wurde per Stafette in den Gemeinden des Amtsbezirks verteilt. Darin hieß es: *Der Generaladjutant und Oberst Sigel hat mich beauftragt, Euch zu sammeln und zu den Freiheitskämpfern zu führen. Das Vaterland ist in Gefahr. Ihr wißt es, Brüder! Steigt herab von Euren Bergen mit Euren Büchsen und Flinten, jung und alt, schaart Euch um mich. Hundert Schützen wie Ihr jagen eine Armee zum Teufel. Also auf! Der Sammelplatz ist in meinem Hauptquartiere. Für Verpflegung, Bekleidung und Löhnung sorge ich. Hauptquartier Gernsbach, den 18. Juni 1849.*[112] Daß die Phase der Deklamationen vorbei war und zur Aktion geschritten werden sollte, konnten alle wehrfähigen Gernsbacher und Murgtäler schon am Tage des Eintreffens des Majors an seiner zukünftigen Wirkungsstätte feststellen. Auf den 18. Juni waren sie alle in den großen Saal des Badischen Hofs bestellt gewesen, um sich dort einer erneuten Musterung durch den Wehrausschuß und Dr. Kürzel zu unterziehen.[113] Als Dortu am darauffolgenden Tage mit seinem Burschen Basilius Wörner aus Forbach in der Stadt eintraf und in einer seiner ersten Amtshandlungen die beim Wehrausschuß geführten Aufgebotslisten einsah, um das Resultat der von ihm angeordneten Assentierung in Erfahrung zu bringen, mußte er feststellen, daß die *Listen und Ausscheidungen unbrauchbar* waren, *da sie weder übersichtlich noch genau* geführt wurden. Umgehend entzog Dortu dem Wehrausschuß die Zuständigkeit für die Musterungen und ordnete unter seiner Aufsicht neue Musterungen an. Dem überaus zuvorkommenden Musterungsarzt Dr. Kürzel wurde dabei ein württembergischer Kollege zur Seite gestellt, der ganz im Sinne Dortus den

Gernsbach 1847 - 1849

Tauglichkeitsgrad der Aufgebotsleute bestimmte. Daß unter diesen Vorzeichen nur diejenigen für untauglich erklärt wurden, *welche absolut krumm, lahm, taub, blind oder dumm sind*, ist nicht verwunderlich, stieß jedoch in den Reihen der Gernsbacher Bürger, zumindest sofern sie selbst betroffen waren, auf manche Kritik.[114]

Auf allen Ebenen suchte Dortu die revolutionäre Begeisterung wieder zu wecken, unermüdlich arbeitete er im Badischen Hof an der ihm übertragenen Aufgabe. Die Gernsbacher Frauen forderte er auf, ein Banner für das Murgtalaufgebot zu sticken. Seine

1929 errichtete die Stadt Gernsbach diesen Gedenkstein für die Gefallenen des Gefechts an der Murg.

Hauptaufgabe bestand allerdings darin, die Ausrüstung für das Murgtaler Aufgebot zu besorgen. Ein wahrhaft gigantisches Unternehmen, hatte doch eine erste Inspektion der in Gernsbach gelagerten Gegenstände ein eher ernüchterndes Bild ergeben. 49 Patronentaschen, 60 Stück Gewehrriemen, 52 Blusen und 8 Brotsäcke standen zur Verteilung zur Verfügung. Die von einer Gemeindeversammlung in Gernsbach beschlossene Übernahme der Beschaffungskosten auf das Budget der Gemeinde hatte noch keine sichtbaren Konsequenzen gezeigt. Die Nachricht von der Ankunft Dortus löste jedoch auch in diesem Bereich hektische Betriebsamkeit aus. Zahlreiche Schuster und Gerber, *die Schuhe in bedeutender Anzahl liefern wollen*, sprachen bereits am 19. Juni im Rathaus vor und boten ihre Dienste an. Der weiterhin für die Beschaffung der Ausrüstungsgegenstände zuständige Wehrausschuß schloß am 22. Juni zwei Kontrakte über die kurzfristige Lieferung von 200 Paar Schuhen und jeweils 600 Stück Patronentaschen mit Leibriemen, Bajonettscheiden und Gewehrriemen ab.[115]

Ein besonderes Problem stellte für Dortu die Bewaffnung des zu bildenden Bataillons dar. Nach ersten Übersichten aus den Gemeinden konnte durchaus mit einer Gesamtzahl von ca. 600 Aufgebotsleuten gerechnet werden, inklusive der bereits ausgerückten 200 Wehrmänner. Die strengeren Musterungen führten in der Folgezeit noch zu einem Anstieg dieser Zahlen. Am 22. Juni ging Dortu letztendlich von einer Gesamtzahl von 850 Aufgebotsleuten aus, die das neue Bataillon bilden sollten. An Gewehren standen lediglich 50 Stück zur Verfügung, wozu die 200 bereits an das im Felde stehende erste Aufgebot verteilten, hinzuzurechnen waren. Dennoch ergab sich ein Fehlbestand von 600 Gewehren, dessen Finanzierung die Finanzkraft der kleinen Stadt Gernsbach bei weitem überschritt. Dortu wußte sehr wohl die Wirkung einer vollständigen und modernen Ausrüstung auf die Psyche der Truppe wie auf den Geist der Bevölkerung einzuschätzen: *Bewaffne ich das Aufgebot hier, so ist auch dessen Geist und Muth ein ganz anderer, als wenn ich es waffenlos zur Neckararmee führen muß.*[116] Fast schon flehentlich klang sein Schreiben an den Kriegskommissar der Neckararmee Hexamer vom 22. Juni 1849, *Morgens 2½ Uhr*, in dem er ihm die Ausrüstungsdefizite schilderte und um schleunige Abhilfe bat: *Es bleiben also 650 Mann übrig, die ich hier zusammenziehen und bewaffnen muß. Ich bedarf also 600 Gewehre, anstatt daß ich früher 400 verlangt habe; Patrontaschen sind 100 vorhanden, oder doch bis zum 24. Abends abzuliefern. Ich brauche also 550 Stück Patrontaschen; Munition ist nicht vorhanden, es sind mir also 4000 Pakete Patronen nötig. Für die 650 Mann sind nur 100 Blusen da, es fehlen also noch 550; 100 Brotsäcke sind da, also fehlen 550; es fehlen 762 Paar Schuhe, ich hoffe aber bis zum 24. Abends noch 50 Paar zu erhalten, so daß also mein Bedarf 712 Paar Schuhe ist; dabei habe ich natürlicherweise auf den Mann 2 Paar Schuhe gerechnet.*

Obwohl in Gernsbach, wie Dortu in seinem ersten Bericht an Johann Philipp Becker befriedigt konstatieren konnte, *die größte Bereitwilligkeit* und *der beste Geist* vorherrschten, bestand gerade angesichts der sich abzeichnenden militärischen Auseinandersetzungen zwischen Bundes- und badischen Revolutionstruppen jederzeit die Gefahr, daß die öffentliche Stimmung umkippte. Und daß diese Auseinandersetzung unausweichlich und unmittelbar bevorstand, war den meisten Zeitgenossen auch in Gernsbach klar. Schließlich erreichte die Nachricht vom Zurückweichen in der Pfalz und dem unter dem Druck der preußischen Truppen erfolgten Rheinübergang der pfälzischen Volkswehreinheiten bei Knielingen, 18. Juni 1849, fast zeitgleich mit der Ankunft Dortus den Amtsbezirk. Auch in Gernsbach veränderte sich das Erscheinungsbild der Stadt. Vorbei die Tage, an denen auf dem Wochenmarkt ein Spielorgelmann die Moritat von der Ermordung Robert Blums zum besten gab.[117] Zunehmend bestimmte der am 5. Juni für Baden erklärte Kriegszustand das Gesicht der Stadt, auch wenn sie weitab von den vermeintlichen Kriegsschauplätzen zu liegen schien. Am Abend des 20. Juni zog eine 50 Mann starke, ausreichend bewaffnete Einheit Tübinger Studenten und Arbeiter in der Stadt ein und begehrte Quartier. Als deren Anführer, der Theologiestudent Wilhelm Rapp und der Schuhmacher Christoph Friedrich Hayeß[118] erklärten, daß sie lediglich Vorausabteilung einer weit zahlreicheren bewaffneten Schar seien, ergriff Dortu diese Chance und veranlaßte die Tübinger dazu, in Gernsbach auf ihre Mitstreiter zu warten. Rapp erließ am darauffolgenden Tag einen flammenden Aufruf *An die ledige Mannschaft Tübingens*, in dem er zum weiteren Zuzug in die Stadt aufforderte und betonte, daß sie *von den wackeren Bürgern Gernsbachs ... aufs Herzlichste empfangen* worden seien.[119]

Was bewog nun Max Dortu, die Studenten und Arbeiter Tübingens zu überreden, in Gernsbach länger als nur eine Nacht Quartier zu nehmen? War es tatsächlich seine Befürchtung, daß, *da für einzelne, für kleine Trupps ... niemals gehörig gesorgt* werde, die Tübinger Gefahr liefen, sich zu *verlieren* und zu *zerstreuen*?[120] Nein, Max Dortu, der durch seine Jugend und seinen idealistischen Schwung vor allem die Tübinger Studenten in seinen Bann ziehen konnte,[121] benötigte für die anstehenden Aufgaben den Rückhalt einer ihm ergebenen, gut ausgerüsteten und passabel bewaffneten Einheit, die notfalls bereit war, auch unpopuläre Maßnahmen durchzusetzen. Dortu war es nämlich nicht entgangen, daß die von ihm anfänglich gelobte tapfere Haltung der Gernsbacher nur vordergründig war und immer dann, wenn er den Rücken drehte, einer tiefen Niedergeschlagenheit und Mißstimmung wich. Die Gerüchteküche brodelte, kein Tag verging, an dem nicht vom baldigen Sturz der revolutionären Regierung in Karlsruhe und der Rückkunft des Großherzogs die Rede war. Kräftig geschürt und verbreitet wurden diese Gerüchte von einer Gruppe stadtbekannter *Hauptreaktionäre*, die sich aus Exbeamten und teilweise noch *in Pflicht stehenden Beamten* zusammensetzte und ca. zehn Köpfe umfaßte. Tagtäglich, so die Vermutung Dortus, fänden auf dem Schlosse Eberstein *geheime Zusammenkünfte .. dieser Herren* statt, wozu der *ebenfalls im Amte belassene Schloßverwalter Vogt* die Hand biete.[122] Offensichtlich war die aus Gernsbacher Bürgern bestehende Schloßwache nicht in der Lage oder auch nicht Willens gewesen, die geheimen Zusammenkünfte zu unterbinden. Für diesen Wachdienst und für polizeiliche Aufgaben in der Stadt beabsichtigte Dortu, die Tübinger Studenten und Arbeiter einzusetzen, wohl auch, um durch deren permanente Präsenz das Ausbreiten des Defätismus zu verhindern. Folgerichtig befahl er am 22. Juni, die Württemberger Wehrmänner in die Bewachung des Schlosses einzubeziehen, was umgehend in die Tat umgesetzt wurde.[123]

Doch Dortu wollte sich nicht mit dem puren Zurückdrängen der konterrevolutionären Propaganda begnügen. Obwohl er in Gesprächen mit den Tübinger Studenten seinen offiziellen revolutionären Optimismus schnell ablegte und auch durchblicken ließ, daß die Lage für den badischen Aufstand sehr schlecht stehe und er in den nächsten Tagen die Entscheidung für die überlegenen preußischen Truppen erwarte, befürwortete er dennoch ein aktives Einschreiten der revolutionären Gewalt gegen die reaktionären Kräfte im Murgtal. Mit einem symbolischen Akt, der die politische Handlungsfähigkeit der Regierung nach innen dokumentieren sollte, schien es ihm möglich, die Reihen fester zu schließen und dem Druck von außen gruppensolidarischen Widerstand entgegenzusetzen. Dortu selbst besaß für ein eigenmächtiges Vorgehen keine politische Legitimation, auch wenn er zweifelsohne mit den Württembergern über die militärischen Machtmittel verfügte. Offensichtlich scheinen die nicht gerade positiven Nachrichten, die die Tübinger über die Lage in Württemberg mitbrachten, den Stimmungswandel bei Dortu hervorgerufen zu haben. Mit Entsetzen erfuhr er von Rapp *von der vollständigen Gleichgültigkeit ... unter den Philistern* und dem Versagen der demokratischen Kräfte in Württemberg. Der günstige Augenblick, sich der revolutionären Bewegung in Baden anzuschließen, sei verpaßt worden, was dazu führe, *daß die Revolution nimmermehr aus dem Volke selbst hervorbrechen* werde, wofür *die im ganzen Lande herrschende gedrückte Stimmung der Beweis* sei.[124] Mit dem Ausscheren Württembergs aus der demokratischen Front war für Dortu das zwangsläufige Scheitern der badischen Bewegung offensichtlich. Wie zur Bestätigung des ganzen trafen am darauffolgenden Tage Mitglieder der aus Stuttgart vertriebenen deutschen Nationalversammlung in Gernsbach ein.[125] Ihre Absicht war, den Sitz des Parlamentes nach Baden-Baden zu verlegen, wohin sie am frühen Morgen des da-

Schauplatz der Revolution in Baden

An der Straße zwischen Lautenbach und Loffenau befindet sich das Grab eines Freischärlers aus Hamburg.

rauffolgenden Tages abreisten. Resignierende Einsicht in die bittere Realität war es, die Dortu über die z. T. hochtrabenden Vorstellungen der Parlamentarier urteilen ließ: *nach der letzten Katastrophe* (er meinte damit die am 18. Juni 1849 erfolgte Sprengung des Rumpfparlaments in Stuttgart) *ist es aber sehr unbestimmt, ob die Nationalversammlung beschlußfähig wird*.[126]

Der Bericht an Sigel vom 21. Juni, worin er erhöhte *Wachsamkeit gegen Einzelne* meldete, um deren Wirken einzuschränken, zog die von Dortu sicherlich gewünschten politischen Konsequenzen nach sich. Am 23. Juni 1849 erhielt Zivilkommissar Drissler ein Schreiben vom Innenminister der provisorischen Regierung mit diktatorischer Gewalt aus Karlsruhe, Florian Mördes, in dem die Verhaftung *sämtlicher, in seinem Bezirk befindlichen, der Reaktion gegen die bestehende Regierung verdächtigen Beamten und Geistliche* sowie deren Überführung in die Festung Rastatt angeordnet wurde. Daß darunter auch die *Mitglieder des auf dem Schloß Eberstein bestehenden Clubbs* fielen, hielt der Verfasser für besonders erwähnenswert.[127]

Schauplatz der Revolution in Baden

Damit war Bürgermeister und Zivilkommissar Drissler in eine verzwickte Lage geraten. So unmißverständlich die Anweisung auch formuliert war, so gefährlich schien es ihm, sie angesichts des zu erwartenden Schicksals der revolutionären Bewegung in die Tat umzusetzen. Abwarten hieß für Drissler die Taktik, zumal von der Front beunruhigende, ja niederschmetternde Nachrichten kamen.

Am 21. Juni war es zwischen den Hauptkräften des badischen Revolutionsheeres und den preußischen Truppen bei Waghäusel zu einem Kampf gekommen, der zur Entscheidungsschlacht des ganzen Feldzuges werden sollte. Nach anfänglich leichten Vorteilen für die badischen Truppen, löste der unkontrollierte Rückzug badischer Dragoner unter Befehl des Obersten Beckert eine heillose Retirade und Flucht aller Truppenteile aus, *so daß die ganzen Erfolge des heißen Kampftages in Minuten verspielt* waren.[128] Die Auflösungserscheinungen im badischen Heer hatten im Gefolge des Rückzuges bedrohliche Formen angenommen. In den Morgenstunden des 23. Juni, just zu dem Zeitpunkt, als Drissler den Haftbefehl für die "Reaktionäre" in Händen hielt, passierten die ersten Soldaten und Volkswehrmänner von Waghäusel kommend die Stadt. Dort war von besagter Schlacht und ihrem Ausgang noch nichts bekannt gewesen. Vorsicht war also geboten, auch was die Behandlung der Flüchtenden anbelangte. Drissler schickte sofort Kristian Langenbach nach Baden-Baden, um *bei dem dortigen Civil-Commissariat Nachrichten über den Stand der Sache einzuholen, indem heute schon über hundert Ausreißer, teils Soldaten, teils Wehrmänner, hier durch gezogen sind.*[129] Zivilkommissar Wolff sprach in seiner Antwort über den Ausgang des Treffens bei Waghäusel und Philippsburg lediglich davon, daß Teile der Armee abgeschnitten worden seien und beim Rückzug dieser Teile *etliche hundert derselben durchs Gebirge feige* geflohen waren. Dennoch bestünde keine Ursache, *unsere Sache für verloren zu geben,* und er empfahl Drissler, *die einzelnen Trupps von Flüchtlingen .. zu entwaffnen und ... sie nach Rastatt* zu bringen. Dies war die Aufgabe, die Drissler der ihm befohlenen Verhaftung der Murgtal-Honoratioren bei weitem vorzog. Die 2. und 3. Aufgebote der Stadt und der

Gernsbach 1847 - 1849

Murgtalgemeinden schwärmten aus und machten Jagd auf die *feigen Ausreißer*. Diese Maßnahme traf auf die Zustimmung von Dortu, der seine Aufgabe nunmehr vor allem darin sah, so lange wie möglich auszuharren und die im Murgtal herumirrenden Soldaten und Volkswehrmänner vor Raub und Plünderung abzuhalten. Dies hinderte ihn jedoch nicht, mit aller revolutionären Konsequenz die Verhaftung der Reaktionäre dann durchzuführen, als sie ihm von dem aus Karlsruhe vor den anrückenden Bundestruppen fliehenden Abgeordneten und Zivilkommissar Weil befohlen wurde.

Als Weil am 24. Juni in Gernsbach eintraf, befanden sich die Reste der badischen Truppen im Rückzug auf die Murglinie, wo an der schmalsten Stelle des Großherzogtums die neue Verteidigungslinie aufgebaut werden sollte. Die Festung Rastatt im Westen und die unmittelbar an württembergisches Gebiet angrenzende Amtsstadt Gernsbach im Osten bildeten dabei die Eckpfeiler dieser Frontlinie, die allerdings nur zu halten war, wenn Württemberg neutral blieb und den Bundestruppen den Durchmarsch durch sein Gebiet weiterhin verweigerte. Gernsbach war damit "Frontstadt" geworden. Raphael Weil, immer noch konsequenter Revolutionär, drängte unmittelbar nach seiner Ankunft in der Stadt auf die Ausführung des Innenministerialbefehls vom 22. Juni 1849. Die dilatorische Behandlung und der hinhaltende Widerstand, wie von Bürgermeister Drissler in dieser Angelegenheit an den Tag gelegt, waren für Weil Anlaß genug, den interimistischen Zivilkommissar seines Amtes zu entheben und auch den politisch-persönlichen Bruch mit ihm nicht zu scheuen. Unmittelbar danach gab Weil Dortu die nötigsten Instruktionen zur Verhaftung der "Reaktionäre". 16 Bürgerwehrmänner aus Gernsbach, unter ihnen Gemeinderat Haas, Lammwirt Stoll, Kaufmann Ettlinger und Polizeiwachtmeister Rothengatter begaben sich daraufhin zuerst nach Weisenbach, um den dortigen Förster Bechmann und Pfarrer Weingärtner zu verhaften. Danach war die Reihe am Verwalter des Schlosses Eberstein, Schloßinspektor Vogt, und seinem Gärtner Fels. Zur gleichen Zeit, gegen 1 Uhr am 25. Juni 1849, drangen

Wehrmänner in die Wohnungen des Amtmanns a.D. Louis Dill, des Amtsrevisors Herbster, des in Gernsbach lebenden ehemaligen Amtmanns von Ladenburg, Betz, des Bezirksförsters Eichrodt, des Akzisors Bürck, des Diakons Kayser und des Lehrers Buhlinger ein und verhafteten diese ebenfalls. Vorerst mußten sich die Gefangenen im Saal des Badischen Hofs aufhalten. Doch schon um 2.30 Uhr in der Frühe meldete Dortu Vollzug und annoncierte dem Kommando der Festung Rastatt die Überstellung der Verhafteten.[130] Wilhelm Grötz, der auf der Dortuschen Gefangenenliste an letzter Stelle stand und ebenfalls kurzzeitig im Badischen Hof zusammen mit den anderen Gefangenen festgehalten wurde, erhielt nach Intervention von Bürgermeister Drissler seine Freilassung. Kurz darauf verließen drei Leiterwagen die Stadt, begleitet von 16 Bürgerwehrmännern unter Leitung des Polizeiwachtmeisters Rothengatter. In Rastatt trafen sie mit fünf zur gleichen Zeit in Baden-Baden Verhafteten zusammen. Trotz ihres Ehrenworts, nicht zu fliehen, bewachten bewaffnete Volkswehrmänner den Saal des Gasthauses zum Kreuz, in dem sie untergebracht waren. Ihre gute Behandlung durch die revolutionären Gewalten hatten sie

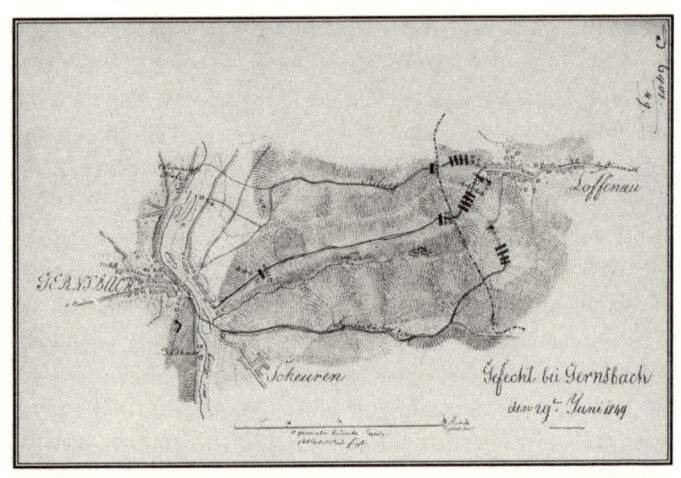

Bisher unveröffentlichter Plan der Truppenstellungen vor dem Gefecht zu Gernsbach am 29. Juni 1849

Schauplatz der Revolution in Baden

nicht zuletzt der Tatsache zu verdanken, daß der Rastatter Zivilkommissar Grether ein Schulfreund von Louis Dill war. Grether ermöglichte Dill auch die sicherlich verbotene Korrespondenz mit seiner Frau. So konnte der abgesetzte Amtmann am Montag, den 26. Juni 1849, seiner *lieben Rosa* folgende Zeilen zukommen lassen:
Sei ganz ruhig. Es geht uns ganz gut. Wir sind im Kreuz und kommen soeben von Tisch. Man behandelt uns aufs Freundlichste und wir haben nach Versicherung der Civil-Commissäre und des Gouverneurs nichts zu fürchten. Einen Gruß von Herbster und Eichrodt an die Ihrigen, was du ausrichten wollest. Wir sind nebst 5 Badener (Chelius etc.) beisammen. Gott schütze Euch und uns. Lebe wohl und sei guten Mutes. Dein Louis.
Küsse die lieben Kinder.
Adv. Grether (Schopfheim) besorgt mir den Brief.[131]

Durch diesen Brief erfuhren auch die Gernsbacher Honoratioren vom Schicksal ihrer Mitbürger. Eine vom Gemeinderat zusammengestellte Deputation machte sich sofort auf den Weg in die Festungsstadt, um die Freilassung der Gefangenen zu erreichen. Doch obwohl der Grund für die Verhaftung selbst dem Generalauditor (=Militärstaatsanwalt) Schaller nicht bekannt war, hatten die Gernsbacher mit ihrem Vorstoß kein Erfolg und mußten unverrichteter Dinge nach Hause zurückkehren. Die Gefangenen richteten ihre ganze Hoffnung auf die Zusage Schallers, er werde sie freilassen, wenn bis zum 27. Juni aus Offenburg, dem zwischenzeitlichen Sitz der revolutionären Regierung, keine anderslautenden Direktiven eingetroffen seien. Diese Hoffnung schwand jäh, als Louis Dill und seine Mitgefangenen vom Fenster ihres Gefängnisses Augenzeugen der Ermordung eines angeblichen preußischen Spions wurden. Aufgebrachte und durch den übermäßigen Genuß von Alkohol enthemmte Kanoniere und Volkswehrmänner hatten dabei ihrer Enttäuschung über den Verlauf der Revolution an einem offensichtlich Unschuldigen freien Lauf gelassen. Schaller, der den Verhafteten vor den Faustschlägen, Gewehrkolbenhieben und Fußtritten der aufgebrachten Menge schützen wollte, wurde durch einen Gewehrkolben selbst schwer am Kopfe verletzt.[132] Damit war nicht nur ein Fürsprecher der Gernsbacher Gefangenen außer Gefecht gesetzt. Der Ausfall dieses *Ehrenmannes* war Symbol für den fortschreitenden Prozeß der Auflösung jeglicher Disziplin in der Festung und erhöhte die Gefahr weiterer Racheakte an vermeintlichen "Spionen und Reaktionären". Als am 29. Juni der Generalstab der revolutionären Armee die Festung Rastatt verließ und sich über Offenburg nach Freiburg zurückzog, wurden die Gefangenen aus Gernsbach und Baden-Baden mitgenommen und in einem Freiburger Gasthaus untergebracht. Was zuerst wie der Beginn einer gefährlichen Odyssee mit ungewissem Ausgang aussah, entpuppte sich in der Folgezeit als glückliche Wendung der Dinge. Denn schon am 1. Juli 1849 wurden Dill und seine Mitgefangenen auf Veranlassung des Präsidenten der ebenfalls nach Freiburg geflüchteten Verfassunggebenden Versammlung, dem aus Baden-Baden stammenden Tauberbischofsheimer Gymnasiallehrer Karl Damm, freigelassen.[133] Die Gruppe begab sich sofort ins benachbarte Elsaß. Nach 1 1/2 tägigem Aufenthalt in Straßburg konnten die ehemaligen Gefangenen am 3. Juli 1849, nach dem Einmarsch der Preußen in Kehl, die badische Grenze überschreiten und in ihre Heimat zurückkehren. Der sicher harte Aufenthalt in der zwischenzeitlich eingeschlossenen und belagerten Festungsstadt ist ihnen somit erspart geblieben.

Doch zurück ins Murgtal, zurück nach Gernsbach. Der Zusammenbruch der Neckarlinie, der Rückzug der revolutionären Einheiten an allen Fronten, die offensichtliche Aussichtslosigkeit des revolutionären Kampfes und im Gegensatz dazu die zunehmenden Belastungen für die Bevölkerung, führten zu einem eigentümlichen Klima der Spannung in Stadt und Amt. Das Verhalten der zahlreichen, nunmehr ins Murgtal einrückenden Einheiten ließ in den Reihen der Bevölkerung einen unterschwelligen Groll wachsen, der im nachhinein viel zur allgemeinen Diskreditierung der Revolution beitragen sollte. Besonders die mit dem 25. Juni einsetzenden wahl- und bedenkenlosen Requisitionen von Vieh, Pferden, Nahrungsmitteln, Waffen und Ausrüstungsgegenständen ähnelten eher

Gernsbach 1847 - 1849

einem Beute- und Raubzug in einem fremden Land, denn koordinierten Anstrengungen einer einheitlichen Kriegsführung. Vor allem Gernsbach wurde davon heimgesucht. Innerhalb zweier Tage waren mehr als 3000 Soldaten, Volkswehren und Freischaren durch die Stadt gezogen, bzw. hatten in ihr das Lager aufgeschlagen. Den Anfang machten am Montag, den 25. Juni, 170 Mann Pforzheimer Volkswehr, gefolgt von 180 Mann des Willichschen Freikorps, die sich allerdings eher gezwungenermaßen in Gernsbach einfanden, nachdem sie vom zuständigen Korpskommandanten Oberst Thomé in Rotenfels angetroffen worden waren, wo sie sich auf eine plündernde Art dahier herumtrieben.[134] Die Konfusion, die in den Reihen des Oberkommandos der Revolutionsarmee herrschte, belegt ein Befehl Mieroslawskis vom selben Tage, der diese Truppe als Teil der 3. Division wieder nach Rotenfels zurückbeorderte, ohne jedoch zu wissen, welche Stärke sie hatte, noch wer die Einheit derzeit befehligte.

Ludwig Mieroslawski, Obergeneral der vereinigten badisch-pfälzischen Revolutionsarmee

800 Aufgebotsleute des Amtsbezirks Emmendingen, die allerdings nach einer kurzen Ruhepause in der Stadt ihren Rückzug über Forbach und Herrenwies fortsetzten, stellten die Verantwortlichen des Wehrausschusses und des Gemeinderates vor große logistische Probleme.[135] Im Laufe des Dienstags verschärften sich diese noch, als in wenig vertrauenserweckender Aufmachung ca. 2000 rheinbayrische Freischaren, das sogenannte Korps Blenker, in die Stadt einmarschierten. Sie hatten die Aufgabe, als 4. Division die rechte Flanke der Murglinie gegen Angriffe von Norden und aus dem Württembergischen zu sichern. Der Eindruck einer mittelalterlichen Söldnertruppe wurde dabei nicht nur durch die Buntheit der Ausrüstung und Aufmachung des Blenkerschen Korps erweckt, sondern auch und vor allem durch die Tatsache, daß mit "Madame Blenker", der Frau des Korpsführers, ein *Frauenzimmer* in männlicher Aufmachung unter ihnen war. Dies war eine Sensation, die lange nachwirkte. In den Untersuchungsakten finden wir kaum eine Zeugenaussage, die dieses Ereignis nicht erwähnenswert fand.[136]

Dem Einzug dieser großen Einheit in ihre Stadt sahen die Gernsbacher eher mit gemischten Gefühlen entgegen. Die wilde Entschlossenheit von Blenker ließ für den unausweichlich bevorstehenden Kampf das Schlimmste befürchten. Zudem mußte die Stadt für die Versorgung des Korps mit Lebensmitteln und sonstigen Ausrüstungsgegenständen aufkommen, was deswegen nicht leicht fiel, weil schon am Vormittag des 26. Juni eine Einheit von ca. 25 badischen Infanteristen unter Führung des Kehler Bürgermeisters Roos und des Bürgermeisters von Hilzingen, Dietrich, in der Stadt erschienen war und eine Verfügung des Kriegsministeriums vorgezeigt hatte, nach der sie *alles, was zur Militärverpflegung verwendbar sei*, zu requirieren gedachten.[137] Auch wenn sich das Hauptaugenmerk dieser Einheit auf das seit der Verhaftung von Vogt und Fels unbewachte Schloß Eberstein richtete, kam es zu einzelnen Requirierungen in der Stadt sowie den umliegenden Amtsdörfern, wo auch in den Häusern nach Waffen aller Art für die revolutionäre Armee gesucht wurde.[138] Im Schloße selbst entnahmen Roos und Dietrich auf Requisitionsschein *25 Leintücher, 27 Handtücher, 60 Servietten* sowie eine nicht näher bezeichnete Anzahl von *Pokalen aus Gold, Silber, Kristall, Uhren etc.*[139]

Auch in den kommenden Tagen war Gernsbach immer wieder das Ziel von Requirierungen. So führte der Generalstabsoffizier Otto von Corvin-Wiersbitzky am 27. Juni eine sogenannte *Pferdeassentierung* durch, bei der *alle halbwegs tauglichen Pferde gegen* (wenige Tage darauf wertlose) *Scheine der provisorischen Regierung requirirt* und nach Rastatt abtransportiert wurden.[140] In der Konsequenz noch einen Schritt weiter war Max Dortu am 25. Juni 1849 gegangen. Er hatte die *reichsten hiesigen Einwohner* in den Badischen Hof eingeladen und sie zur finanziellen Unterstützung der revolutionären Armee "aufgefordert". Der wirtschaftlichen Potenz der Stadt und ihrer Einwohner angemessen hielt er eine Summe von ca. 1000-1100 Gulden, wobei er sich mit keinem Wort über die Aufteilung der "freiwilligen Spende" ausließ. Unter dem frischen Eindruck der Verhaftungen verstanden alle Eingeladenen diesen Wink. Streit entzündete sich lediglich an dem Umstand, daß nach ihrer Meinung eine ganze Reihe von *Capitalisten* fehlte, die an diesem solidarischen Akt ebenfalls beteiligt werden müßten. In Abstimmung mit Bürgermeister Drissler wurde nach Erweiterung der Liste der Stadtverrechner mit der Gelderhebung betraut, der innerhalb von einem Tag knapp 800 Gulden zusammenbrachte.[141] Unter diesem Aspekt wird die Charakterisierung von Max Dortu durch Alt-Bürgermeister Drissler vor den großherzoglichen Untersuchungsbehörden durchaus zweideutig, bescheinigte er ihm doch ein *einnehmendes Wesen*. Zu einer Weitergabe der Gelder ist es allerdings nicht mehr gekommen. Als Drissler die Summe am Abend im Badischen Hof abliefern wollte, traf er weder Dortu noch seinen Burschen Wörner an. Beide hatten im Laufe des Nachmittags Gernsbach in Richtung Rastatt verlassen, ähnlich wie Raphael Weil, der sich am 26. Juni nach Baden-Baden abgesetzt hatte, in einem Schreiben vom 28. Juni jedoch dem Bezirksamt Gernsbach mitteilte, daß er auch weiterhin die Stelle des Zivilkommissars einnehme.[142]

Schauplatz der Revolution in Baden

Um keinen falschen Eindruck entstehen zu lassen. Das Abziehen Dortus war keineswegs ausschließlich Resultat der fast aussichtslosen militärischen Lage und damit ein Zeichen für Feigheit. Mit der Rückverlegung der Front auf die Murglinie und die Einbeziehung der Stadt Gernsbach in die unmittelbare Kampfzone war der Organisator in der Etappe, der unermüdliche Militäradministrator zum großen Teil überflüssig geworden. Dazu kam, daß seine Stellung in der Stadt zunehmend schwieriger geworden war. Dies lag nicht allein an der Wendung des Kriegsglücks und den damit einhergehenden zwangsläufigen Absetzbewegungen der lokalen Oberschicht vom republikanisch-demokratischen Gedankengut. Dortu selbst hatte sich mit seiner energisch-zupackenden Art und mit seinem z. T. recht unkonventionellen Stil im Umgang mit den Bürgern der Stadt nicht nur Freunde geschaffen. Sowohl das Bezirksamt unter Leitung des Amtsverwesers von Wänker wie Teile des Gemeinderates betrieben unablässig seine Abberufung. Nach Bekanntwerden der Verhaftungen stand dieser Konflikt unmittelbar vor dem Ausbruch, eine Abberufung Dortus erwies sich als notwendig. Offizieller Grund waren die Unstimmigkeiten bei der Requirierung von Pferden durch Dortu, für die er angeblich keine Legitimation besessen hatte.

Am 25. Juni, unmittelbar vor seiner Abreise nach Rastatt, mußte der Oberkommandant des Gernsbacher und Murgtaler Aufgebots den Gemeinderäten Wilhelm Seyfarth, Karl Ettlinger, Alois Haas und Johann Georg Fieg Rede und Antwort hinsichtlich der Pferderequirierungen stehen. Nichts charakterisiert den Machtverfall der revolutionären Bewegung und den eruptiven Prozeß der Auflösung des Rückhalts in der Bevölkerung deutlicher als die oben geschilderte Situation. Der Mann, der innerhalb weniger Tage mehrere hundert Aufgebotsleute zusammenziehen und die Grundlagen für deren Ausrüstung legen konnte, der wenige Stunden zuvor den Gernsbacher "Kapitalisten" eine nicht unbedeutende Summe für die Revolution aus den Taschen zog, sah sich nun den fast inquisitorischen Fragen von Gemeinderäten ausgesetzt, die sich wahrlich nicht übermäßig in der zumindest in Gernsbach

Allegorische Darstellung der standrechtlichen Erschießung Max Dortus am 29. Juli 1849

populären revolutionären Bewegung der zurückliegenden Wochen engagiert hatten.[143]

Das weitere Schicksal Dortus ist schnell erzählt. Mit dem Generalstab der badisch-pfälzischen Revolutionsarmee verließ er kurz vor Zernierung der Festung durch preußische Truppen die Stadt, begab sich nach Freiburg und wollte von da ins benachbarte Ausland fliehen. Als er gerüchteweise von "großen" Siegen der revolutionären Restarmee hörte, wartete er in Freiburg den weiteren Gang der Ereignisse ab, wo er schließlich erkannt und verhaftet wurde. Nach einem Standgerichtsverfahren wurde Max Dortu am 29. Juli 1849 standrechtlich erschossen. Berühmt sind seine letzten Sätze: *... ich sterbe voller Freude und Muth, weil ich für die Befreiung des Volkes gekämpft habe.*[144] Sein jugendlicher Charme und der Mut, mit dem er dem Erschießungspeloton gegenübertrat, trugen viel zu seiner Heldenverehrung bei. Sein Grabmal in der Wiehre war für lange Jahre beliebter Wallfahrtsort, heimlich niedergelegter Blumenschmuck riefen die großherzoglichen Behörden regelmäßig auf den Plan.

Als Louis Blenker am 26. Juni in Gernsbach einrückte, traf er ein administratives Chaos an, dem sowohl im zivilen wie im militärischen Bereich die ordnende Hand fehlte. Bürgermeister Drissler hatte sich zunehmend von seinen Amtsgeschäften zurückgezogen, zumal er sich für die Aufgaben des Zivilkommissars nicht mehr zuständig fühlte. Als Sofortmaßnahme forderte Blenker die Unterstellung des Murgtaler 1. Aufgebots unter seinen Befehl, was auf erbitterten Widerstand der Gernsbacher Bürgerwehroffiziere stieß. Sie erklärten, *nicht unter Blenker dienen zu wollen.*[145] Zu dieser Weigerung trug sicher auch das Verhalten von Amalie Blenker mit bei, die mehrere Male auf das Schloß Eberstein eilte, um dort das Wertvolle, was die Plünderungen vom 25. Juni übrig gelassen hatten, zusammenzuraffen und auf Leiterwagen gepackt in "Sicherheit" zu bringen. Dabei wurden *alte Waffen zerstreut, Ölgemälde aus den Rahmen gerissen, z. T. durchlöchert und Betten herausgerissen*. Mit dem Abtransport der Gegenstände in Richtung Süden unterstrich Amalie Blenker letztendlich die Aussichtslosigkeit des Kampfes, was nicht gerade dazu beitrug, das Murgtaler Aufgebot und die Bürger der Stadt mit neuer Motivation und frischem Kampfeswillen auszustatten. Bezeichnungen des Freikorps als *Räuberkorps und Lumpenkorps* machten die Runde, und viele wünschten sich nichts sehnlicher als dessen Abzug.[146] Damit wollten sie natürlich sich und ihrer Stadt einen möglicherweise blutigen Kampf ersparen. Manche gaben sich jedoch der irrationalen Hoffnung hin, daß eine geräuschlose Rückkehr zur vorrevolutionären "Normalität" noch möglich wäre und man das Kapitel Revolution zuschlagen und weglegen könne, wie

Schauplatz der Revolution in Baden

Beim Gefecht von Gernsbach am 29. Juni 1849 überquerten die Bundestruppen die Murg.

ein ausgelesenes Buch. Von den vielen immer noch unbewaffneten Wehrmännern wurde daher jede Gelegenheit genutzt, sich in ihre Heimatgemeinden abzusetzen und sich dort zu verstecken.[147] Die wenigen bewaffneten Aufgebotsleute, auf die Blenker besonderes Augenmerk legte, fanden vorerst keine Gelegenheit, es ihren Gefährten nachzutun. Noch am 28. Juni erhielten sie vom Gernsbacher Wehrausschuß Monturstücke und Munition ausgeteilt. Der bewaffnete Teil des Murgtaler Aufgebots, jene 200 Mann also, die von Weil am Pfingstmontag als geschlossenes Korps ins Feld geführt wurde, setzte sich aus Wehrleuten folgender Ortschaften zusammen:[148]

Ottenau	25 Mann
Staufenberg	20 Mann
Reichental	18 Mann
Bermersbach	16 Mann
Gausbach	20 Mann
Sulzbach	26 Mann
Michelbach	25 Mann
Forbach	50 Mann

Schauplatz der Revolution in Baden

Beim Kampf um Gernsbach selbst kam diese Einheit jedoch nicht zum Einsatz. Auch sie zerstreute sich im Durcheinander des 29. Juni 1849.

Am Donnerstag, den 28. Juni 1849, war erster Kampflärm zu vernehmen. Er stammte aus dem nahegelegenen Michelbach, das an diesem Tage Ziel des preußischen Angriffs war und von zwei Kompanien des Füsilier-Bataillons des 29. Infanterieregiments unter Befehl des Majors von Wangenheim kurzzeitig eingenommen wurde.[149] Zwar gelang es dem Abschnittskommandeur Oberst Mercy, die Preußen nach erbittertem Kampf wieder aus dem Ort zu vertreiben, wie er in einem Bericht an den Obergeneral Mieroslawski vom 29. Juni vermeldet: *Gegen drei Uhr gestern wurde mir gemeldet, daß die Preußen über das Gebirge gegen Michelbach vorgedrungen und die dort stationierte Kompagnie zurückgeworfen. Ich befahl sofort, daß das erste Regiment zur Unterstützung vorzurücken habe und das Korps von Willich sandte ich links von Michelbach zur Umgehung der rechten Flanke der Preußen. Der Feind nahm vor Michelbach das Gefecht an, postiert in den Weinbergen. Michelbach selbst sowie die rückwärtigen Anhöhen waren stark besetzt. Nach einem hartnäckigen heftigen Tirailleur Gefecht gelang es, dadurch ihn aus dem Orte zu werfen, daß ich zwei Kompagnien rechts in den Weinbergen vorschickte, wodurch sein Rückzug bedroht wurde, um so mehr, da auch Willich links vordrang. Der Feind wurde bis über die nächsten Höhen zurückgeworfen. Das Gefecht dauerte von 3 - 7 Uhr. An Toten hat das 1. u. 2. Regiment 6 Mann, an Verwundeten 13, worunter Hauptmann Pflaum und Lieutenant Nagel vom 1. Regiment.*[150] Daß dieser Erfolg jedoch nur von kurzer Dauer sein würde, war allen Beteiligten klar.

Das gesamte Murgtal wurde in höchste Verteidigungsbereitschaft versetzt. Im Gernsbacher Rathaus bereiteten einige unverzagte Bürger Geschützmunition für die von Blenker mitgeführten sechs Geschütze sowie die zwei kleinen, vom Ebersteiner Schloß stammenden Kanonen vor. Blechner Krieg erhielt z.B. den Auftrag, Kartätschenbüchsen anzufertigen, ebenso wie der Dreher Theodor Gleisle, der in seiner Wohnung die für die Kartuschen benötigten

"Spiegel" drehte.[151] Am darauffolgenden Tag, dem 29. Juni 1849, inspizierten die Generalstabsoffiziere Franz Sigel und Germain Metternich den rechten Flügel der Front. In Gernsbach mußten sie zu ihrer Verwunderung feststellen, daß noch keinerlei sichtbare *Verteidigungsanstalten* getroffen worden waren. Keine einzige Barrikade war zu sehen, die vom Gebirge herabführenden Straßen waren ungehindert passierbar, und das administrative Chaos schien einem traurigen Höhepunkt zuzusteuern. Eine Schilderung über die Zustände im Rathaus an jenem Tag der Entscheidung bestätigt dies: *Am unteren Eingange standen rheinbayerische Wachen, die untere Hälfte und das Stiegenhaus wurden mit ab- und zugehenden rheinbairischen und anderem Kriegsvolk überfüllt, das Vorzimmer des Rathausbüros war mit fremdem Volk angefüllt, zwischen denen hindurch man die gewöhnlich auf dem Rathause sich aufhaltenden Gemeinderäte und deren Diener kaum herausfinden konnte. Es wurde hier geboten, verlangt, gefordert, mit Gewalt entrissen, was jeglicher zu seinen Zwecken bedurfte.*[152]

Um die Mittagszeit forderte die Schelle des Ortsdieners die Einwohner der Stadt auf, sich umgehend am sogenannten Rumpel-

Das Gefecht von Gernsbach endete mit einer Niederlage für die Revolutionäre und der Erstürmung der Stadt durch die Bundestruppen.

Gernsbach 1847 - 1849

stein und südöstlich von Gernsbach in Richtung Loffenau, einzufinden. Bäume wurden gefällt und aus ihnen Barrikaden errichtet und Schanzen ausgehoben. Zur gleichen Zeit wurde die Brücke über die Murg abgedeckt und damit unpassierbar gemacht. Gegen 14.30 Uhr waren die ersten Bundestruppen zu sehen, die vom Kugelberg sich der Stadt näherten. Unmittelbar darauf begannen preußische Artillerieeinheiten, die Stadt zu beschießen, kurz nach 15 Uhr erfolgte der Angriff der Bundestruppen aus Richtung Loffenau. Die Blenkerschen Freischaren verteidigten mit aller Macht und herausragendem persönlichen Mut jeden Meter Gernsbacher Bodens. Schrittweise mußten sie jedoch der drückenden Überlegenheit der Angreifer weichen und sich in Richtung Neuhaus (bei Baden-Baden) zurückziehen. Am späten Nachmittag rückten die Bundestruppen in das brennende Gernsbach ein, nachdem sie in einer großen Zangenbewegung die Stadt im Norden und Süden umgangen und dadurch auch die bei Oberndorf und Ottenau lagernden Einheiten der Revolutionsarmee zur Flucht gezwungen hatten.[153] In das Stadtspital, das, nachdem Physikus Wittum unmittelbar vor Beginn der Kampfhandlungen aus der Stadt geflüchtet war, unter der ärztlichen Betreuung von Dr. Kürzel stand, wurden im Laufe des 29. Juni sowohl verwundete Freischärler wie Angehörige der Reichsarmee eingeliefert.[154] Insgesamt 29 Personen, sieben Angehörige der Bundestruppen, 16 Freischärler des Korps Blenker und von Teilen der Schwäbischen Legion sowie sechs Einwohner der Stadt, kamen bei den Kämpfen ums Leben.[155] Aus Gernsbach starben: Andreas Kugel, 64 Jahre, Schneider; Johann Wilhelm Dürr, 47 Jahre, Kammacher; Karl Schwab, 40 Jahre, schifferschaftl. Werkmeister; Christian Wilhelm Fieg, 15 Jahre; Viola Wenzel, 34 Jahre; Georg Häfele, Schneidergeselle.

Während die Mecklenburger Dragoner und die Hessischen Cheveauxlegers (leichte Reiter) den fliehenden pfälzischen Freischaren nachsetzten und bei Einbruch der Dunkelheit außerhalb der Stadt in Richtung Baden-Baden biwakierten, wurde das *preußische Bataillon, in Anerkennung seiner besonderen Betheiligung bei der Einnahme der Stadt, in Gernsbach einquartirt, wo auch das Generalcommando*

Schauplatz der Revolution in Baden

und der Divisionsstab Quartier nahmen. Daß sie nicht als Befreier, sondern als Sieger und Unterdrücker jeder demokratischer Regung in die Stadt gekommen waren, demonstrierten die preußischen Soldaten auf eindringliche Weise. Kaum ein Weinfaß, das nicht erbrochen wurde, kaum eine Vorratskammer, die den Ansturm der plündernden Preußen heil überstand. Systematisch wurde zudem Jagd auf versprengte und versteckte Freischärler gemacht, alle Waffen mußten abgeliefert werden. Selbst die ca. 20 Verwundeten im Spital waren den Rachegelüsten der preußischen Bauernsöhne schutzlos ausgeliefert. Franz Kürzel, der allen Widrigkeiten und möglichen

Madame Blenker in Freischärleruniform und mit ihren Beutestücken vor dem Schloß Eberstein

Das Gefecht zu Gernsbach: Häuserkampf am Ufer der Murg

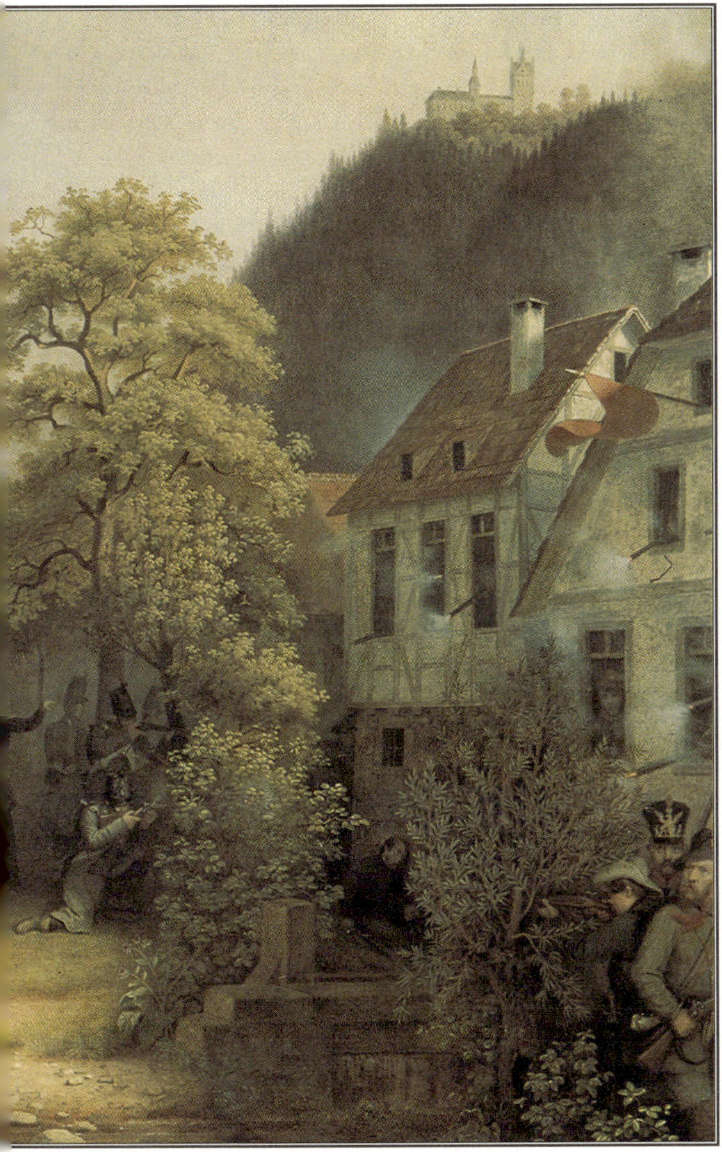

Gernsbach 1847 - 1849

Verfolgungen zum Trotz auf seinem Posten als Spitalleiter geblieben war, forderte in den frühen Morgenstunden des 1. Juli das Bürgermeisteramt auf, *im Interesse der Humanität den Kranken im hiesigen Spital Schutz angedeihen zu lassen.* Doch just an diesem Morgen hatten die preußischen Truppen kurzzeitig Gernsbach verlassen und waren in Richtung Baden-Baden abmarschiert. Eine *Schutzwache* für das Spital war somit überflüssig geworden, wie das Bürgermeisteramt Kürzel lakonisch mitteilen konnte.[156]

Überhaupt hatte die Gemeindeverwaltung andere Sorgen, als sich um das Schicksal von Personen zu kümmern, denen man nach Ansicht vieler in Gernsbach die augenblickliche Situation zu verdanken hatte. Eine doppelte Aufgabe stellte sich dem vom großherzoglichen Zivilkommissar Stephani schon am 30. Juni 1849 eingesetzten provisorischen Bürgermeister Szuhany. Zum einen galt es, die schwelenden und rauchenden Trümmer der zerschossenen Häuser zu beaufsichtigen, weitere Schäden durch Funkenflug zu verhindern und nach und nach die Zerstörungen in der Stadt zu beseitigen. Welche Hitze sich bei der Beschießung Gernsbachs und beim Brand der Stadt entwickelt hatte, kann man daran erkennen, daß Amtmann Louis Dill noch am 7. Juli Wasser über die z. T. noch rauchenden und glühenden Trümmer gießen ließ.[157] 20 Wohnhäuser und 12 Nebengebäude waren total zerstört, an vielen Wohngebäuden durch Artilleriebeschuß z. T. beträchtliche Schäden entstanden. Der eingesetzte Bürgermeister und mit ihm der konservative Rest des Gemeinderats waren darüber hinaus verantwortlich für die Verpflegung und Unterbringung der in der Stadt einquartierten Truppen. So wurden der Stadt im Ganzen Verpflegungsleistungen für einen General, 12 Stabsoffiziere, 200 Offiziere, 9800 Soldaten und 200 Pferde aufgebürdet. Wer gehofft hatte, nach der Bewältigung dieser zeitintensiven Tätigkeiten zur vorrevolutionären Tagesordnung übergehen zu können, sah sich bald getäuscht. Mit der Eroberung Gernsbachs durch die Bundestruppen endete zwar der revolutionäre Hauptakt des Sommers 1849 für die Stadt. Doch sollte es noch ein schmerzliches Nachspiel vor Gericht geben, das lange Jahre die Erinnerungen an dieses "merkwürdige Jahr" wachhielt.

Schauplatz der Revolution in Baden

„Gefecht bei Gernsbach, i.B. 1848" von Prof. Reinhard Braun (1821-1884), gemalt für eine russische Großfürstin in Baden-Baden

Den abrückenden preußischen Truppen folgten am 3. Juli hessische Besatzungstruppen unter Befehl des Generalmajors von Wachter nach. Zu ihren ersten Aufgaben zählte es, die stadtbekannten "Hauptträdelsführer" der demokratischen Bewegung zu verhaften. Am Nachmittag des 4. Juli 1849 wurden folgende Personen in das Amtsgefängnis nach Baden-Baden verbracht:

Carl Drissler sen., Bürgermeister und interimistischer Zivilkommissar
Karl Drissler jun., Schiffer und Hauptmann des 1. Gernsbacher Aufgebots
Benedikt Kaufmann, Handelsmann, 2. Kommandant der Gernsbacher Bürgerwehr, Adjutant des Majors Dortu
Heinrich Wallraff, Bierbrauer
Casimir Griesbach, Schiffer, 1. Vorsitzender des Turnvereins
Casimir Dürr, Schneidermeister
Jakob Gelbarth, Schneidermeister
Stephan Kolb, Gerber
Johann Motsch, Seiler
Engelhard Sonntag, Apotheker

Schauplatz der Revolution in Baden

Das Gemälde „Kampf der Mecklenburger Jäger auf der Brücke in Gernsbach" von Adolph Schreyer (1828-1898) gibt ein detailgenaues Abbild einer Gefechtsszene.

Der ehemalige Polizeiwachtmeister Wilhelm Rothengatter war mit den Resten der revolutionären Armee nach Süden geflohen und hatte sich damit seiner Verhaftung entzogen. Von einer Verhaftung des Franz Kürzel sollte vorerst *aus Rücksicht für die in der Stadt und dem Spital liegenden Kranken und Verwundeten, die er bei Abwesenheit des Physikus allein besorgte,* abgesehen werden. Dennoch galt er weiterhin - fälschlicherweise - als der *Hauptlenker der hiesigen rebellischen Bewegung,* gegen den auch sofort eine Untersuchung eingeleitet worden war. Doch es war die Zeit der Vergeltung, der Rache für die erlittenen Demütigungen der zurückliegenden Wochen und nicht die Zeit für humanitäre Rücksichten! *Auf ausdrückendes, dringendes Verlangen mehrerer Einwohner* der Stadt sah sich Zivilkommissar Stephani gezwungen, den erst am Abend von Krankenbesuchen aus dem hinteren Murgtal zurückkehrenden Kürzel zu arretieren und ebenfalls nach Baden-Baden abtransportieren zu lassen.[158] In den folgenden Tagen folgten ihnen noch zahlreiche Repräsentanten der demokratischen Bewegung aus dem gesamten Murgtal nach. Mit Akribie, Spürsinn und Unnachgiebigkeit führte das großherzogliche Bezirksamt Gernsbach die Untersuchung wegen Teilnahme am Hochverrat, mit dem Ziel, die Fehlbaren juristisch und finanziell zur Rechenschaft zu ziehen. Mitte des Jahres 1850 waren die einzelnen Untersuchungen abgeschlossen, und das Hauptverfahren vor dem Hofgericht des Mittelrheinkreises in Bruchsal konnte eröffnet werden. Am 28. Januar 1851 erging sein Urteilsspruch, mit dem - ergänzt durch den Spruch der Revisionsinstanz Oberhofgericht Mannheim vom 10. Januar 1852 - die revolutionären Ereignisse im Murgtal ihre strafrechtliche Würdigung fanden:

Name des Verurteilten	Hofgericht	Oberhofgericht
Wilhelm Rothengatter, Polizeiwachtmeister	9 J.	9 J.
Carl Drissler, Bürgermeister	6 J.	6 J.
Dr. Franz Kürzel, prakt. Arzt	4 J.	4 J.
Benedikt Kaufmann, Handelsmann	3 J.	3 J.
Sebastian Lindau, Hauptlehrer, Sulzbach	3 J	3 J.
Wilhelm Seyfarth, Bockwirt	2 J. 6 M.	2 J. 6 M.
Alois Haas, Feilenhauer	2 J. 6 M.	2 J. 6 M.
Casimir Griesbach, Schiffer	2 J. 6 M.	2 J. 6 M.
Karl Drissler jun., Schiffer	2 J. 6 M.	Freispruch
Johann Motsch	2 J. 6 M.	4 M. Gefängnis (wg. Gewalttätigkeit)
Jakob Gelbarth	2 J. 6 M.	4 M. Gefängnis (wg. Gewalttätigkeit)
Michael Gerber, Staufenberg	2 J. 6 M.	4 M. Gefängnis (wg. Gewalttätigkeit)

Gernsbach 1847 - 1849

Gotthard Fels	2 J. 6 M.	1 J.
Johannes Fieg, Staufenberg	2 J. 6 M.	1 J.
Peter Kraft, Bürgermeister, Sulzbach	2 J. 6 M.	Freispruch
Dominik Wunsch, Forbach	2 J.	1 Jahr
Ludwig Fritz, Forbach	2 J.	Freispruch
Gustav Wallraff, Wirt	1 Jahr 6 M.	1 Jahr
Engelhard Sonntag, Apotheker	1 Jahr 6 M.	6 M.
Christian König, Forbach	1 Jahr	Freispruch
Franz Joseph Frey, Lehrer, Reichental	2 M. Gefängnis	Freispruch aus Mangel an Beweisen
Heinrich Wallraff, Bierbrauer	Freispruch	
Johannes Schäfer, Weisenbach	Freispruch	
Johann Ruckenbrodt, Michelbach	Freispruch	

Nicht wenige Beteiligte an den Ereignissen des Frühsommers 1849 zogen es vor zu emigrieren. Dabei trafen sich ihre Interessen, näm-

Idyllische Ansicht Gernsbachs
Aquatintablatt von C. Kuntz aus dem Jahre 1810

Schauplatz der Revolution in Baden

lich den Untersuchungen der Strafverfolgungsbehörden zu entgehen, durchaus mit denen des großherzoglichen Staates, für den jeder emigrierte Demokrat nicht nur eine Entlastung des Justizapparates bedeutete, sondern auch und vor allem die Gefahr zu mindern schien, daß sich ähnliche Dinge wie die Reichsverfassungskampagne des Jahres 1849 noch einmal wiederholen könnten. Begnadigungen zur Auswanderung und Auswanderung bei gleichzeitiger Versicherung, auf die Eröffnung eines Untersuchungsverfahrens zu verzichten, waren die Mittel, denen sich die großherzoglichen Behörden gerne bedienten. Ein Amtsbericht vom November 1849 spricht von 23 Personen des Amtsbezirks, die sich bereit erklärt hätten, unter diesen Bedingungen in die Vereinigten Staaten von Amerika auszuwandern, wobei die Forbacher Johann Wörner, ehemals Führer des dortigen 1. Aufgebots, der ehemalige Adjutant Dortus, Basilius Wörner, sowie der verheiratete Schneider Max Gutmann sofort auswanderungswillig seien.[159] Raphael Weil, der Motor der revolutionären Bewegung im Murgtal, war ebenfalls in die USA emigriert, wo er sich in den 50er und 60er Jahren für die demokratische Partei einsetzte und 1863 in einem offenen Brief im "New York Demokrat" sich zusammen mit anderen Exilrevolutionären für eine Anstellung Sigels als General in der Nordstaatenarmee einsetzte.[160]

Diejenigen, die blieben, wurden nach ihrer Verurteilung mit hohen Schadenersatzforderungen konfrontiert, die nicht selten zum wirtschaftlichen Ruin des Betroffenen und seiner Familie führte. Nicht alle waren so weitsichtig gewesen wie Bürgermeister Drissler, der bereits 1848 sein gesamtes Vermögen seinem Sohn Karl übertragen hatte, der nach seinem Freispruch durch das Oberhofgericht in Mannheim nicht mehr zur Ersatzleistung herangezogen werden konnte. Casimir Griesbach, der 1851 nach einem kurzen Aufenthalt im Gefängnis in der "Irrenanstalt" Illenau aufgenommen wurde und 1852 als hergestellt, jedoch keineswegs als haftfähig entlassen wurde, mußte mit Vergleich vom 19. Oktober 1852 50. 000 Gulden und damit knapp ein Drittel seines auf 166. 000 Gulden geschätzten Gesamtvermögens Entschädigungs-

> **Bitte an edle Menschenfreunde.**
>
> Leider ist ohne Zweifel bis dahin die Stadt Gernsbach derjenige Ort des Landes, welcher in dem gegenwärtigen, das badische Unterland verheerenden, bejammernswerthen Bürgerkriege am meisten gelitten hat.
>
> Längere Zeit nämlich durch die Einquartierung eines nicht unbedeutenden Theils des sogenannten demokratischen Heeres in nicht wenig drückendem Grade belästiget, entstand am 29. Juni beim Anrücken der deutschen Reichsarmee vor und in der durch fremde Uebermacht terrorisirten Stadt der erbittertste Kampf. Das während desselben herbeigeführte Unglück wurde durch einen Brand vermehrt, welcher eine Reihe von einundzwanzig Häusern bis auf den Boden einäscherte, so daß über dreißig Haushaltungen nicht nur obdachlos, sondern größtentheils auch aller ihrer Habe beraubt wurden. Hiezu kommen noch die schweren Leistungen für beide Heere, die überhäufte Einquartierungslast, der Ruin vieler Häuser, wie der unersetzliche Verlust auf unsern Feldern und Fluren.
>
> Groß ist die Noth, um so größer aber auch der Anspruch auf die Unterstützung der edlen, bewährten Menschenfreunde unseres engeren, wie des großen deutschen Vaterlandes! An Solche richten wir die dringende Bitte, den allseitigen Jammer durch Gaben in Geld, Kleidungsstücken oder Nahrungsmitteln zu mildern. Der allgütige Gott wird auch das geringste Scherflein segnen!
>
> Die verehrlichen Redactionen werden um unentgeldliche Aufnahme unserer Bitte, sowie auch um gefällige Empfangnahme der eingehenden milden Unterstützungen zur Einlieferung anher freundlich ersucht; das gleiche Ansuchen stellen wir an die resp. Gemeindebehörden.
>
> Gernsbach, den 2. Juli 1849.
>
> Die Pfarrämter.   Im Namen des Gemeinderaths:
> Katz.   Szubany.
> C. Krebs.   W. Grötz.
>
> ☞ Die Redaction dieses Blattes ist gerne bereitwillig, milde Gaben in Empfang zu nehmen und nach Gernsbach zu befördern.

Spenden-Aufruf zugunsten des zerstörten Gernsbach

zahlungen an die großherzogliche Staatskasse entrichten.[161] Die Ehefrau des flüchtigen Sebastian Lindau sah sich gar mit der astronomischen Forderung von 196.648 Gulden konfrontiert, während Engelhard Sonntag einen Vergleich über 1.500 Gulden abschließen konnte.[162]

Epilog

Am 29. Juni 1850 hielt Carl Krebs, Dekan und Stadtpfarrer von Gernsbach, eine Jahrtagsrede zur *Einnahme von Gernsbach durch die verbündete Reichs-Armee*. Darin setzte er sich auch mit den vermeintlichen Ursachen für das über die Stadt hereingebrochene Unglück auseinander. Denn noch waren die Wunden nicht verheilt, die die Revolution des vergangenen Jahres sichtbar für alle in der Öffentlichkeit und unsichtbar im Bewußtsein ihrer Bewohner geschlagen hatte. Gerade waren die ersten Urteile in *Hochverratsangelegenheiten* ergangen, und die Schadenersatzforderungen standen vor der Türe vieler Einwohner der Stadt und des gesamten Murgtals. Das einst bunte politische Leben war unterdrückt, die Vereine mitsamt ihrer Vereinskultur von Amts wegen aufgelöst und verboten. Zwar besaß die Stadt seit dem 15. Dezember 1849 mit Friedrich Löhlein wieder ein von den Bürgern gewähltes Stadtoberhaupt, das übrigens - ähnlich wie Carl Drissler sieben Monate zuvor - von zwei Dritteln der Stimmberechtigten in das neue Amt entsandt wurde.[163] Von normalen Verhältnissen konnte jedoch noch lange nicht geredet werden. Daß Stadtpfarrer Krebs im Zusammenwirken von *Verrath und Verschwörung, Treulosigkeit und Eidesbruch, Lüge und Verläumdung, Ehrgeiz und Habsucht, und aller Künste der Verführung* die Ursache für die zurückliegenden Ereignisse sah, ist in mehrfacher Hinsicht nicht verwunderlich.[164] Schließlich bedurften die vergangenen Monate der mentalen Aufarbeitung, einer Aufarbeitung, die weit über die juristische Bewältigung der Revolution hinausreichte, sahen sich doch die meisten, auch in der Stadt Gernsbach, mit der schlichten Tatsache konfrontiert, daß sie selbst in irgendeiner Form an dem großen Aufbruch der Jahre 1847 bis 1849 beteiligt gewesen waren oder zumindest diesem nicht den von Staats wegen erforderlichen und im nachhinein geforderten Widerstand entgegen gebracht hatten. Was lag da näher, als sich als unschuldiges Opfer einer arglistigen Täuschung, einer Verschwörung darzustellen, die von wenigen von außen in die Stadt hineingetragen worden war und die schlichten Gemüter der

Gernsbach 1847 - 1849

Die Feierlichkeiten zum 150jährigen Jubiläum der Badischen Revolution stehen unter dem Motto „Der Traum von der Freiheit".

Murgtalbewohner für einige Zeit ins Wanken gebracht hatte. Mit dieser Haltung war es jedem möglich, sich vom Vorwurf einer persönlich-moralischen Schuld weitestgehend reinzuwaschen. Dies war die Stimmungs- und Gemütslage nicht nur der Stadt Gernsbach im Jahre 1850, Besinnung, Einkehr, Innerlichkeit, Ruhe, Ordnung, Abkehr vom Unglauben und der Irreligiösität, göttliches Recht die Begriffe, die diese Gemütslage zu umschreiben suchten. Tatsächlich herrschte die Empfindung vor, es sei alles umsonst gewesen. Die dumpfe Reaktion der folgenden Jahre verstärkte diesen Eindruck. Was folgte, waren der Rückzug ins Privatleben, die politische Enthaltsamkeit, das Schwimmen mit dem Strom, alles Verhaltensweisen mit lange nachwirkenden, z. T. verhängnisvollen Traditionen. Noch Franz Kappler, der seine "Streiflichter aus Gernsbach 1849" in einem aus Anlaß der Eröffnung der "Erinnerungsstätte für die Freiheitsbewegungen in der deutschen Geschichte" 1974 erschienenen Sammelband publizierte, stellte sich in diese Tradition, wenn er rückblickend urteilte: *Die kleine Stadt Gernsbach war für eine kurze Zeitspanne eine Art Zünglein an der Waage gewesen und erhielt eine Rolle zugeteilt, die ihr und ihren Einwohnern nicht bekam. Die Wunden verheilten und vernarbten erst in Jahren. Übrig blieb die Erinnerung an den schrecklichen 29. Juni 1849.*[165] Zumindest in einem Punkte irrte Kappler. Obwohl der Volksbewegung in Baden in den Jahren 1847 bis 1849 der kurzfristige Erfolg versagt geblieben ist, zeigten die Revolutionsversuche der Jahre 1848 und 1849 durchaus Wirkungen, begründeten sie eine liberale und demokratische Tradition, auf die wir uns zu Recht mit Stolz und Anerkennung berufen können. Natürlich bleibt auch die Erinnerung an die enttäuschten Hoffnungen, die weit schmerzlicher sind als verlorene materielle Werte. Es bleibt aber auch das Wissen, daß Gernsbach und viele seiner Bürger aktiv Teil nahmen am "europäischen Völkerfrühling" und jene Bürgertugenden mitbegründeten, die heute wesentlich die politische Kultur unserer Demokratie bestimmen. Auch die Geschichte dieser Stadt wäre anders, sie wäre ärmer, wenn es die badische Revolutionszeit der Jahre 1848 und 1849 nicht gegeben hätte.

Anmerkungen

1 Aus der schier unerschöpflichen Fülle von Literatur zur bürgerlichen Bewußtwerdung in der ersten Hälfte des 19. Jahrhunderts seien nur Nipperdey und Gall genannt. Das Zitat von Riehl nach: Vollmer (1983), S. 10. Zum nachfolgenden vgl. Bergmann.
2 Vgl. Hippel.
3 Vollmer (1979) S. 49 ff.; vgl. Frei/Hochstuhl; Real; Hochstuhl (1994).
4 Vgl. Valentin.
5 Kappler, S. 105.
6 Stiefel, S. 892.
7 Vgl. Universal-Lexikon vom Großherzogthum Baden, Karlsruhe 1844. Zur bevölkerungspolitischen Entwicklung Gernsbachs im 19. Jahrhundert vgl.: Beiträge zur Statistik der inneren Verwaltung des Großherzogtums Baden, die in regelmäßigen Abständen ab Mitte des Jahrhunderts in Karlsruhe erschienen.
8 Eine wissenschaftliche Untersuchung zur Wirtschafts- und Sozialgeschichte der Stadt Gernsbach steht noch aus. Die hier getroffenen Feststellungen beruhen ausschließlich auf der nahezu ungebrochenen Kontinuität der Familiennamen und der ebenfalls ungebrochenen Funktionskontinuität ihrer Träger. Wer - wie die Familien Ettlinger, Kast, Schickardt oder Griesbach - als Teilhaber an der Murgschifferschaft ökonomische Bedeutung besaß, dem standen die Türen für ein politisches Engagement weit offen. Vgl. dazu die für die wirtschafts- und sozialgeschichtliche Entwicklung des Murgtals vom 16. bis 19. Jahrhundert zentrale, im Generallandesarchiv verwahrte Überlieferung der Murgschifferschaft, die bis in die neueste Zeit ihren Sitz in Gernsbach hatte. Generallandesarchiv Karlsruhe (=GLA) 69/Murgschifferschaft. Vgl.: Dessau, S. 40-46; Schneider; Renner; Hochstuhl (1992).
9 GLA 268 Zug. 1902/33 Nr. 40.
10 Aufnahmegebühr 1 fl. 30, Jahresbeitrag 5 fl. 24; GLA ebda.
11 Vgl. Hochstuhl/Schneider.
12 So der Titel der berühmten, von Gustav Kühn in Neuruppin herausgegebenen Bilderbogenserie, der mit feinem Gespür für das qualitativ Neue, das sich anbahnte, mit seiner "neuen Bilderzeitung" glänzende Geschäfte machte.
13 GLA 268 Zug. 1902/33 Nr. 38 - Zeugenaussage von Ratsdiener Johann Kübler zum März 1848; Stadtarchiv Gernsbach (=StAG) B 18 - Protokollband des Gemeinderats 1848; zum „blinden Franzo-

senlärm" vgl. Canevali; Bericht des Gernsbacher Amtmanns über die gestiegene Zahl der wandernden Handwerksburschen, in: GLA 236/8203.
14 Vgl. Wirtz (1981).
15 Vgl. Pillin.
16 GLA 69 N Mone, Nr. 24, S. 55-56, Offenburg, 13. März 1848 - Schreiben an Kaufmann Abele, Rastatt (Abschrift).
17 GLA 268 Zug. 1902/33 Nr. 37 - Aussage Kürzel zur Bilderverbrennung; ebda. Nr. 1- S. 203 - Bürgermeister Kraft, Sulzbach.; Fackelzug bei Kappler, S. 105 (Anm. 4).
18 GLA 268 Zug. 1902/33 Nr. 38 - Zeugenaussage Johann Kübler zum März 1848; dieses und die nachfolgenden Zitate in: GLA 371 Zug. 1932/37 Nr. 292.
19 Zu Johann Adam Itzstein (1775-1855) vgl.: Neue Deutsche Biographie, Bd. 10, Berlin 1974, S. 206; zu Friedrich Daniel Bassermann (1811-1855) vgl.: ebda., Bd. 1, Berlin 1953, S. 624-625; Gall.
20 So am 11. Mai 1848 unter dem Titel: Was ist Politik und wem gebührt sie?, in: GLA 371 Zug. 1932/37 Nr. 292; nachfolgend zitiertes Flugblatt vom 17. Mai 1848 ebda.
21 Vgl. Hardtwig, S. 35.
22 GLA 236/8203 - Amtsbericht Gernsbach vom 28. März 1848.
23 GLA 268 Zug. 1902/33 Nr. 61 - Schreiben vom 28. Juni 1848.
24 GLA 268 Zug. 1902/33 Nr. 38 - Zeugenaussage Lehrer Buhlinger.
25 Zit. nach: Vollmer (1983), S. 101 (Anm. 1); Vgl. Pillin.
26 GLA 236/8203 - Amtsbericht vom März 1848; zum kollektiven Phänomen der Anreicherung demokratisch-revolutionärer Begriffe mit eigenen subjektiven, z.T. "reaktionären" Inhalten vgl. Wirtz (1979).
27 Zum Wandel der Lesegesellschaft vgl. Hochstuhl (1992); Anzeige des Wirts Gustav Wallraff im *Wächter an der Murg*, Nr. 3 v. 22.10.1848.
28 GLA 268 Zug. 1902/33 Nr. 292; *Wächter an der Murg*, Nr. 1 v. 8.10.1848.; Volksschullehrerbezirksverein - *Wächter an der Murg*, Nr. 2 v. 15.10.1848.
29 GLA 268 Zug. 1902/33 Nr. 75 - Sebastian Lindau, Nr. 76 - Franz Josef Frey; vgl. Wunder, S. 116 f.
30 Zit. nach Diesbach.
31 Vgl. Blum, S. 329-339.
32 Bericht über die Blumsche Totenfeier in: *Wächter an der Murg*, Nr. 10 v. 10.12.1848.
33 GLA 236/5175 - Bericht des Bezirksamtes Gernsbach über die dor-

tige Bürgerwehr vom 17. Februar 1849.
34 Austrittserklärungen in: GLA 268 Zug. 1902/33 Nr. 61; Georg Friedrich Kayser (1817-1857), Sohn eines Heidelberger Gymnasialdirektors, anfangs Lehrer an einer Privaterziehungsanstalt, dann Seelsorger an der Heidelberger Irrenanstalt, seit 1844 bis zu seinem Tode Pfarrer in Gernsbach. Vgl. Ledderhose; Kayser; Schwinge, S. 42
35 GLA 268 Zug. 1902/33 Nr. 38; vgl. Hochstuhl (1992)
36 Damit unterscheidet sich der Gernsbacher Turnverein wesentlich von dem drei Jahre zuvor gegründeten Rastatter Turnverein, dessen Initiatoren "öffentliche Bedienstete, Honoratioren oder Festungsoffiziere" waren und der in der Folgezeit - als "rühmliche" Ausnahme - sich auch jedes politischen Engagements enthielt. Vgl. 150 Jahre Rastatter Turnverein, S. 23-27.
37 Bericht in: *Wächter an der Murg*, Nr. 16 v. 28.2.1849. Vgl. Langenbach. Zur Gründung des Turnvereins Gernsbach vgl. GLA 268 Zug. 1902/33 Nr. 28, hier auch die abgedruckte, von Langenbach abweichende Liste der Gründungsmitglieder.
38 Vgl. Langenbach, S. 10.
39 GLA 268 Zug. 1902/33 - Nr. 24 - Schreiben des Ratschreibers Weil v. 29. März 1849, in dem er sich aus den erwähnten taktischen Überlegungen heraus gegen die Aufnahme des Arbeitervereins ausspricht.
40 GLA 236/8508: Amtsbericht v. 12.2.1849.
41 STA G, A 392 - Gemeinderatswahl Jan. 1849
42 *Wächter an der Murg*, Nr. 4 v. 17.1.1849.
43 Schilderung der Zusammenkunft nach: *Wächter an der Murg*, Nr. 6 v. 24.1.1849, darin auch die Gegenerklärung, ebenfalls in der *Karlsruher Zeitung* v. 23.1.1849.
44 Schreiben Dills v. 30. Jan. 1849 an die Regierung des Mittelrheinkreises, in: GLA 65/11397 - Privatpapiere Amtmann Dill; Ablehnung des Innenministeriums v. 13. März 1849 ebda.
45 STA G, B 18 - Beschluß auf Antrag des Wilhelm Seyfarth; *Wächter an der Murg*, Nr. 11 v. 10.2.1849, Nr. 12 v. 14.2.1849 - Petitionen um Auflösung und Nichtauflösung der Kammer.
46 Vollmer (1983), S. 256.
47 Zu Goegg vgl. Lautenschlager; (Amand Goegg).
48 GLA 268 Zug. 1902/33 Nr. 37, Aussage Kürzel vor dem Untersuchungsrichter; Nr. 38, Zeugenaussage Traubenwirt Sebastian Layer über die Mahnungen aus Mannheim; *Wächter an der Murg*, Nr. 34 v. 2.5.1849, Nr. 35 v. 5.5.1849.

49 Vgl. Vollmer (1983), S. 290 f.
50 GLA 268 Zug. 1902/33 Nr. 38 - Zeugenaussage Veit Kaufmann, dort auch die Angabe zur Mitgliederzahl des Volksvereins; GLA 268 Zug. 1902/33 Nr. 55 - Heinrich Wallraff zur Teilnahme des Musikkorps, vgl. ebda. Nr. 10 - Aussage des Leiters des Musikkorps, Johann Drück: *Die ganze Turnermusik war in Offenburg und außerdem vielleicht noch 20 andere Turner.*
51 Flugblatt in der Bibliothek des Generallandesarchivs, Sammelfaszikel zur Revolution 1848/49 Ch 272.
52 Vgl. Vollmer (1983), S. 295; nachfolgende Aussage des Dr. Kürzel vor dem Untersuchungsrichter in: GLA 268 Zug. 1902/33 Nr. 37.
53 GLA 237/3019 - Ersatzforderungen an Bürgermeister Karl Drissler, Schilderung der Vorgänge auf dem Rathaus in der Begründung zum Urteil des Oberhofgerichts Mannheim vom 28. Jan. 1851; GLA 213/3769 - U.S. gegen Karl Blind; Gustav Struve an den Gemeinderat von Balg vom 14. Mai 1849; Generalmarsch in Forbach: GLA 268 Zug. 1902/33 Nr. 64, U.S. gegen Ludwig Fritz, Forbach.
54 StA G A 1802, Schreiben des Arbeitervereins Gernsbach an den Gemeinderat; GLA 268 Zug. 1902/33 Nr. 69 - 14. Mai 1849.
55 GLA 268 Zug. 1902/33 Nr. 87 - Baden, 15. Mai 1849 früh 1/2 7 Uhr.
56 Zu Lorenz Brenanto (1813-1891) vgl. NDB, Bd. 2, S. 595-596; zu Ignaz Peter (1789-1872) vgl. Beck.
57 Vgl. Real, S. 123.
58 GLA 268 Zug. 1902/33 Nr. 69 - 15. Mai 1849.
59 Zit. nach Real, S. 125.
60 Erklärung in: GLA 69 Nr. 11397, Amtspapiere des Gernsbacher Amtmanns Dill.
61 GLA 268 Zug. 1902/33 Nr. 86 - Liste ebda.
62 GLA 268 Zug. 1902/33 Nr. 57 - Diakon Kayser; STA G, B 18 - Gemeinderatsprotokoll 1848 - Resolution gegen Herbster.
63 GLA 268 Zug. 1902/33 Nr. 86.
64 GLA 69 Nr. 11397, Amtspapiere des Gernsbacher Amtmanns Dill. Das Folgende ebda.
65 GLA 268 Zug. 1902/33 Nr. 86.
66 GLA 69 Nr. 11397, Amtspapiere.
67 GLA 268 Zug. 1902/38 Nr. 38 - Schreiben von Veit Kaufmann an Raphael Weil v. 24.5.1849.
68 Ebda. Nr. 38 - Zeugenaussage Schenkel, Staufenberg.
69 Ebda. Nr. 71.
70 Ebda. - als die beiden anderen Häupter werden in dieser Quelle die

Lehrer aus Sulzbach, Lindau, und Weisenbach, Hauck, genannt; zur Haltung der Gemeinde Hörden und ihres Bürgermeisters vgl. ebda., Nr. 10.
71 Ebda., Nr. 10.
72 Vgl. Bauer.
73 GLA 268 Zug. 1902/38 Nr. 87 - Einladung Weils vom 26. Mai 1849; Angaben zu den Lebensdaten von Karl Bernard von Herrn Gerhard Linder, Karlsruhe.
74 Ebda. Nr. 75 - Privatschreiben Lindaus an seinen "Freund Weil" vom 31. Mai 1849.
75 Ebda., Nr. 90, Schreiben Wolffs vom 31.5.1849 an Weil.; *Mittelrheinische Zeitung*, Nr. 125 v. 29.5.1849.
76 STAG B 18 - Kosten für die Wahlzettel; GLA 268 Zug. 1902/33 Nr. 90 - Schriftwechsel zur Wahl.
77 Ebda. Nr. 90, Schreiben Weils an den Zivilkommissar des Amtsbezirks Baden vom 30.5.1849
78 *Mittelrheinische Zeitung*, Nr. 134 v. 8.6.1849; für zwei weitere Gernsbacher, Gemeinderat Wilhelm Grötz und Schiffer Schubert, wurden ebenfalls Stimmen abgegeben.
79 Vgl. Bauer, S. 353 f., das nachfolgende S. 40-43.
80 GLA 268 Zug. 1902/38 Nr. 87
81 Ebda. Nr. 13 - Schreiben Weils vom 4. Juni 1849.
82 Ebda. Nr. 13 - Schreiben vom 8. Juni 1849
83 STAG A 393 - Gemeinderatswahl Juni 1849.
84 GLA 268 Zug. 1902/38 Nr. 82 - Aussage Bürgermeister Kraft von Sulzbach.
85 Real, S. 129.
86 StAG A 1802 - Schreiben des Arbeitervereins an den Gemeinderat, o.D. (unmittelbar nach der Offenburger Versammlung)
87 Zu Philipp Thiebaut (1811-1887) vgl. Stemmermann.
88 GLA 268 Zug. 1902/38 Nr. 38 - Zeugenaussage Schenkel zu Staufenberg; Nr. 43 - Zeugenaussage Johann Motsch zum Gernsbacher I. Aufgebot.
89 GLA 237/2793
90 GLA 268 Zug. 1902/38 Nr. 38 - Aussage Traubenwirt Wilhelm Beck, der als bewaffneter Bürgerwehrmann daran teilnahm.
91 Ebda. Nr. 51 - Aussage Engelhard Sonntag, 2. Wachkommandant.
92 Ebda. Nr. 37, Nr. 10.
93 Ebda., Nr. 61 - Kommandant der Gernsbacher Bürgerwehr, Gustav Wallraff, an das Kommando im Hauptquartier Oos, 21. Mai 1849.
94 Ebda. Nr. 1 - Verhaftung des Hauptmanns des 1. Linien-Infanterie-

Regiments Ludwig Keßler in Loffenau; Nr. 64 - beabsichtigte Verhaftung zweier Offiziere in Schönmünzach durch Aufgebotsleute aus Forbach.

95 Ebda. Nr. 94 - Anfrage des interimistischen Zivilkommissars Drissler an das Kriegsminsterium v. 14. Juni 1849.
96 Ebda. Nr. 91 - Aufstellung Anfang Juni 1849.
97 StAG B 18 - Protokollbuch Gemeinderat, Sitzung vom 13. Juni 1849.
98 GLA 268 Zug. 1902/38 Nr. 8 - Schreiben des Karl Drissler an den Wehrausschuß der Stadt Gernsbach v. 1. Juni 1849: *... das, was von dem verlangten fertig ist, uns unverzüglich nachzuschicken.* Das nachfolgende ebda.
99 Ebda. Nr. 88 - Aufruf des Wehrausschusses v. 25. Mai 1849; Bekanntmachung v. 6. Juni 1849.
100 Ebda. Nr. 13, Schreiben v. 1. Juni 1849
101 StAG A 1807, Schreiben des Kriegskommissars bei der Volkswehr der Neckararmee, A. Hexamer, v. 13. Juni 1849 an das Bürgermeisteramt Gernsbach.
102 GLA 268 Zug. 1902/38 Nr. 90 - Bekanntmachung ohne Ort und ohne Datum (1. Junihälfte).
103 ebda. Nr. 34 - Schreiben v. 3. Juni 1849 *An den Wehrausschuß der Stadt Gernsbach, zu Händen des Dr. Kürzel.*
104 ebda. Nr. 13 - Schreiben v. 16. Juni 1849.
105 Zu Johann Philipp Becker (1809-1886) vgl. NDB, Bd. 1, S. 717-718; Becker/Esselen.
106 Zu Franz Sigel (1824-1902) vgl. Badische Biographien, Bd. 6, S. 429-434.
107 Ebda. Nr. 38 - Vollmacht v. 17. Juni 1849.
108 Vgl. Diesbach.
109 Der Struve'sche Operationsplan vom 19. Juni 1849, den er als Chef des "Büros der auswärtigen Angelegenheiten des Freiheitsheeres" unterzeichnete, findet sich in Abschrift in den Akten des württembergischen Kriegsministeriums. Siehe: Hauptstaatsarchiv Stuttgart, E 271 c Bü 720.
110 Zu Dortu vgl. W.B.; Hebeisen. Drohung mit der Todesstrafe für preußische Untertanen, siehe Aufruf General Hirschfelds, Kreuznach, 13. Juni 1849, veröffentlicht in der *Deutschen Zeitung* vom 14. Juni 1849; vgl. dazu Richter, S. 411 (Anm. 115).
111 Ebda. Nr. 122 - Geschäftsjournal Dortus mit Abschriften seiner Korrespondenz, hier Bericht vom 19. Juni 1849 an Johann Philipp Becker.

112 Ebda. Nr. 108 - Proklamationen vom 18. Juni 1849.
113 Ebda. Nr. 88 - Verkündung Drisslers vom 17. Juni 1849.
114 Ebda. Nr. 67 - Basilius Wörner, Forbach; Nr. 38 - Beigabe des württembergischen Arztes; Nr. 37 - Musterungspraxis.
115 Ebda. Nr. 122 - Schreiben vom 21. Juni 1849 an den Kriegskommissar Hexamer.
116 Ebda. Nr. 122 - Schreiben vom 20. Juni 1849 an Oberst Sigel.
117 Ebda. Nr. 86 - Wochenmarkt Anfang Juni 1849.
118 Wilhelm Rapp, Pfarrersohn aus Trossingen, nach Emigration Chefredakteur der Illinois-Staatszeitung in Chicago, dort gestorben 1907. Vgl. Dobert, S. 171 ff. Christoph Friedrich Hayeß (1815-1854), Schuhmacher, verfügte als einziger der Tübinger Gruppe über Militärerfahrung und wurde deshalb als ihr Führer bestimmt. Vgl. Sieber, S. 223.
119 Tübinger Chronik vom 24. Juni 1849, Aufruf abgedruckt bei Sieber, S. 403.
120 GLA 268 Zug. 1902/38 Nr. 122 - Schreiben vom 20. Juni 1849 an Oberst Sigel.
121 Vgl. den Bericht des Teilnehmers am Zug der Tübinger Studenten in: Schäffle, S. 28 f.
122 GLA 268 Zug. 1902/38 Nr. 122 - Schreiben vom 20. Juni 1849 an Oberst Sigel.
123 Vgl. Schäffle, S. 29.
124 GLA 268 Zug. 1902/38 Nr. 122 - Schreiben vom 20. Juni 1849 an Oberst Sigel
125 Vgl. Vollmer (1983), S. 375 - Sprengung des Stuttgarter Rumpfparlaments; nach GLA 213/3491 hielten sich ab dem 22. Juni 1849 folgende Abgeordnete im Zähringer Hof in Baden-Baden auf: Schueler (Zweibrücken), Franz Raveaux mit Frau (Köln), Wessendonck (Düsseldorf), K. Klauser mit Frau (Kiel), Vogt mit Schwester (Gießen), Jakoby (Königsberg), Mayer (Esslingen), Becker (Ravensburg), Simon (Breslau). Am 24. Juni reiste diese Gruppe wieder von Baden-Baden ab.
126 GLA 268 Zug. 1902/38 Nr. 122 - Schreiben vom 21. Juni 1849 an Oberst Sigel
127 Ebda., Nr. 3 - Schreiben vom 22. Juni 1849.
128 Vollmer (1983), S. 384.
129 GLA 268 Zug. 1902/38 Nr. 88 - 23. Juni 1849; Antwort Wolffs ebda.
130 Ebda., Nr. 122 - Schreiben Dortus vom 25. Juni 1849, *Nachts 1/2 3 Uhr*; Verhaftung und Freilassung von Grötz ebda., Nr. 10 - S. 6.

131 GLA 65/11397 - Amtspapiere Dill.
132 Vgl. Becker, S. 389.
133 Zu Karl Damm (1812-1886) vgl. Badische Biographien, Bd. 4, S. 70-73.
134 GLA 238 Zug. 1991/38 - Schreiben Oberst Thomé an Oberkommando, Rotenfels, 25. Juni 1849.
135 GLA 268 Zug. 1902/38 Nr. 10 - S. 205.
136 Ebda., Nr. 37; vgl. Kaufmann.
137 Ebda., Nr. 10 - S. 61.
138 StA G A 1803.
139 GLA 268 Zug. 1902/38 Nr. 3 - Requisitionsschein vom 25. Juni 1849.
140 GLA 237/2954 - U.S. gegen Corvin-Wiersbitzky; Bericht des Polizeiaktuars Zeis von Gernsbach vom 5. August 1849.
141 GLA 268 Zug. 1902/38 Nr. 10 - S. 148 Aussage Alt-Bürgermeister Drissler, S. 156 - Charakterisierung Dortus.
142 ebda., Nr. 88 - Schreiben Weils vom 28. Juni 1849; verschiedene Zeugenaussagen legen die Vermutung nahe, daß Weil noch am 29. Juni, am Tag des Gefechts von Gernsbach, in der Stadt weilte. Allerdings scheint er sich nicht mehr in die politischen Angelegenheiten eingemischt zu haben. ebda., Nr. 3.
143 ebda., Nr. 47 - Protokoll vom 25. Juni 1849.
144 Zit. nach Blum, S. 447.
145 GLA 268 Zug. 1902/38 Nr. 10 - S. 207.
146 ebda., Nr. 3 - Bericht des Bürgermeisteramtes Gernsbach über die Zerstörungen auf dem Schloß Eberstein; Nr. 57 - Charakterisierung der Blenkerschen Truppen, nach eigenen Angaben im Verhör, durch Gustav Wallraff am 28. Juni 1849.
147 ebda., Nr. 37, S. 421-422.
148 ebda.
149 Vgl. Bittmann; GLA 268 Zug. 1902/38 Nr. 70 - U.S. gegen Johann Ruckenbrod, Engelwirt in Michelbach.
150 GLA 238 Zug. 1991/ GLA 238 Zug. 1991/38 - 38 - Schreiben Oberst Mercy an Mieroslawski v. 29. Juni 1849.
151 GLA 268 Zug. 1902/38 Nr. 10 - Blechner Krieg; Nr. 57 - Dreher Gleisle.
152 ebda., Nr. 37 - S. 440.
153 Vgl. Pabst, S. 324-332.
154 GLA 268 Zug. 1902/38 Nr. 38 - Situation im Spital.
155 Angaben nach Pabst, S. 326, sowie nach Kappler, S. 110-112.
156 GLA 268 Zug. 1902/38 Nr. 38 - Schreiben vom 1. Juli 1849.

157 GLA 65/11397 - Privatpapiere Louis Dill.
158 GLA 268 Zug. 1902/38 Nr. 1 und Nr. 24.
159 GLA 237/3019 - Ersatzforderung an Carl Drissler alt, mit Abschrift des Urteils; 234/10215 - Amtsbericht, Nov. 1849.
160 Vgl. Bauer, S. 353-354. Vgl. ebenfalls Wittke, S. 87, 208, 240.
161 GLA 237/3165 - Ersatzforderung an Casimir Griesbach.
162 GLA 237/3641 - Ersatzforderung an Sebastian Lindau von Sulzbach; 237/4055 - Ersatzforderung an Engelhard Sonntag.
163 StAG A 375 - Wahlergebnisse 15.12.1849 - Stimmberechtigte 368, Wähler 291 Bürger, für Löhlein stimmten 257 Bürger.
164 Exemplar der Rede in der Bibliothek des Generallandesarchivs.
165 Kappler, S. 113.

Chronik zur Revolution und den Ereignissen in Gernsbach 1847 - 1849

12.09.1847	Volksversammlung radikalliberal gesinnter Kräfte (Friedrich Hecker, Gustav Struve) in Offenburg erstellt eine „magna carta der Volksfreiheit".
22.12.1847	Gründung einer Lesegesellschaft im Gasthaus zum Badischen Hof.
22.02.1848	Revolution in Paris, Frankreich wird Republik.
27.02.1848	Petitionssturm von Mannheim erhebt Forderungen nach einem gesamtdeutschen Parlament und anderen Liberalisierungen des öffentlichen Lebens.
Feb./März 1848	„Märzgesetze". Versammlungen und Demonstrationen in allen Teilen des Deutschen Bundes führen zu liberalen Reformen: konstitutionelles Regierungssystem, Einberufung einer deutschen Nationalversammlung, Pressefreiheit, Volksbewaffnung und Schwurgericht.
19.03.1848	Offenburger Versammlung erhebt Forderungen nach Volksbewaffnung, Bildung von Vaterländischen Vereinen und Zusammentritt einer Nationalversammlung.
2. Märzhälfte 1848	Versammlung Gernsbacher Bürger im Badischen Hof zur Wahl von Deputierten für die Acherner Volksversammlung vom 02.04.1848.
31.03.1848	Zusammentritt der provisorischen Reichsversammlung in Frankfurt.
02.04.1848	Volksversammlung in Achern fordert die Republik.
April 1848	Bildung einer Bürgerwehr in Gernsbach Kommandant wird Murgschiffer Wilhelm Grötz.

Gernsbach 1847 - 1849

13.04. bis 27.04.1848	Bewaffnete Erhebungen in Baden von Friedrich Hecker, Gustav Struve, Franz Sigel und Georg Herwegh scheitern.
20.04.1848	Fackelzug konservativer Bürger Gernsbachs auf Schloß Eberstein zu Ehren Großherzog Leopolds.
18.05.1848	Eröffnung der deutschen Nationalversammlung in der Paulskirche in Frankfurt a.M.
24.09.1848	Nach der Ausrufung der Republik durch Gustav Struve scheitert ein letzter Aufstandsversuch im Gefecht von Staufen (Markgräflerland) gegen badische Truppen.
Herbst 1848	Gernsbacher Lesegesellschaft spaltet sich auf. Konservative Mitglieder treffen sich im Gasthaus zum Sternen, der Badische Hof wird zum politischen Zentrum der Demokraten des Murgtals.
08.10.1848	Probeblatt des „Wächter an der Murg" von den demokratischen Anhängern.
03.12.1848	Trauerzug von mehreren hundert Bürgern für den in Wien erschossenen Paulskirchenabgeordneten Robert Blum.
27.12.1848	Veröffentlichung der „Grundrechte des Deutschen Volkes" durch die Frankfurter Nationalversammlung.
12.01.1849	Erneuerungswahlen zum Gernsbacher Gemeinderat gehen zugunsten konservativ gesinnter Kandidaten aus.
16.01.1849	Gründung des Turnvereins Gernsbach als politisches Sammelbecken demokratisch gesinnter Bürger. Vorstand ist Murgschiffer Casimir Griesbach.
Februar 1849	Gründung des demokratisch gesinnten Arbeiter-Vereins Gernsbach.
10.02.1849	Gründung des konservativen Vaterländischen

	Vereins. Vorstand: Wilhelm Grötz. Publikationsorgan des Vereins ist der „Murgbote".
29.03.1849	Amtliche Verkündigung der Reichsverfassung. Die Nationalversammlung wählt den preußischen König Friedrich Wilhelm IV. zum Kaiser des geeinten deutschen Reiches.
28.04.1849	Ablehnung der Kaiserkrone durch den preußischen König Friedrich Wilhelm IV.
3.-9.5.1849	Aufstände in Sachsen.
04.05.1849	Die Badische Regierung übernimmt wie 27 weitere deutsche Regierungen die Verfassung der Frankfurter Nationalversammlung. Preußen, Österreich, Sachsen, Bayern und Hannover haben sie abgelehnt.
05.05.1849	Gründung des Volksvereins in Übereinstimmung mit den politischen Zielen des Turnvereins.
12.05.1849	Landesversammlung der Volksvereine in Offenburg beschließt die Aufstellung eines Freikorps zur Verteidigung der Reichsverfassung.
13.05.1849	Flucht von Großherzog Leopold aus Karlsruhe.
14.05.1849	Proklamation des Gernsbacher Ratschreibers Raphael Weil, dem neuen Zivilkommissär für den Amtsbezirk Gernsbach: Einrichtung eines Provisorischen Zentralausschusses für das Murgtal und Generalmobilmachung. Amtsenthebung von Amtmann Louis Dill.
15.05.1849	Übergabe der Staatsgebäude in die Verfügungsgewalt des Gemeinderates.
17.05.1848	Loslösung der Rheinpfalz von Bayern.
20.05.1849	Vereidigung von Staatsbeamten und Gemeindebehörden auf die neue Verfassung.
23.05.1849	Bildung eines Sicherheits- und Wehrausschusses in Gernsbach für das Murgtal.
28.05.1849	Abmarsch des 1. Gernsbacher Aufgebotes (200

	Mann) nach Philippsburg.
30.05.1849	Letzte Sitzung der Nationalversammlung in Frankfurt, Verlegung der Rumpfversammlung nach Stuttgart.
03.06.1849	Raphael Weil wird in die Verfassunggebende Versammlung in Karlsruhe gewählt.
05.06.1849	Erklärung des Kriegszustandes für Baden.
08.06.1849	Bürgermeisterwahl bestätigt mit fast 100% aller Stimmen Carl Drissler im Amt.
15.06.1849	Gemeinderatswahl bringt überwiegend konservative Gruppierungen in die Ämter.
17.06.1849	Ernennung von Major Max Dortu zum Oberbefehlshaber und „Militärgouverneur" für die Gernsbacher Volkswehr und den gesamten Amtsbezirk.
Juni 1849	Deutsche Nationalversammlung übersiedelt nach Stuttgart.
18.06.1849	Auflösung des „Rumpfparlamentes".
21.06.1849	Durchzug der aus Stuttgart vertriebenen Mitglieder der deutschen Nationalversammlung durch die Stadt. Niederlage der Revolutionstruppen bei Waghäusel und Philippsburg.
24.06.1849	Absetzung des stellvertrenden Zivilkommissärs Drissler durch Raphael Weil.
25.06.1849	Verhaftung „reaktionärer" Beamter, Pfarrer und Lehrer in Weisenbach, auf Schloß Eberstein und in Gernsbach. Beginn von wahllosen Beschlagnahmungen durch vorbeiziehende Volkswehren und Freischaren.
26.06.1849	Einzug des sog. Korps Blenker mit 2.000 Freischaren in die Stadt zur Verteidigung der Murglinie. Max Dortu und Raphael Weil setzen sich nach

Gernsbach 1847 - 1849

	Baden-Baden und Rastatt ab.
29.06.1849	Ab Mittag Beginn der Verteidigungsmaßnahmen in und um die Stadt
	14.30 Uhr: Beschuß der Stadt durch preußische Artillerieeinheiten.
	15.00 Uhr: Angriff der Bundestruppen aus Richtung Loffenau.
	Später Nachmittag: Ende der Kampfhandlungen, Flucht der Freischaren, Besetzung und Plünderung der Stadt.
04.07.1849	Verhaftung von 12 „Haupträdelsführer".
18.08.1849	Großherzog Leopold trifft wieder in Karlsruhe ein.
28.01.1851/ 10.01.1852	Rechtskräftige Aburteilung der inhaftierten Revolutionäre.
Anfang 1852	Die „Grundrechte des deutschen Volkes" werden in den deutschen Ländern für ungültig erklärt.

Bildnachweis

Badisches Generallandesarchiv, Karlsruhe: 61, 109
C.C. Buchners Verlag, Bamberg: 15
Hauptstaatsarchiv Stuttgart: 100
Josef Kern: 37, 97
Regina Meier: 92
Oberfinanzdirektion Stuttgart: 114/115
Privatbesitz: 19, 32, 55, 78, 103, 107, 117, 122
Stadt Gernsbach: 26, 27, 31, 39, 40, 42, 45, 49, 64, 75, 88/89, 118, 120, 124, Titel
Turnverein Gernsbach: 34,
Wehrgeschichtliches Museum, Rastatt: 83, 111, 113

Literaturverzeichnis

W.B.: Max Dortu aus Potsdam ... Berlin 1849.

150 Jahre Rastatter Turnverein. Festschrift. Rastatt 1996.

Bauer, Sonja Maria: Die Verfassunggebende Versammlung in der Badischen Revolution von 1849. Darstellung und Dokumentation. Düsseldorf 1991.

Beck, Eugen: Die Revolution 1848/49 und das Acherner Geschlecht Peter. In: Die Ortenau 35 (1955), S. 9-17.

Becker, Johann Philipp / Esselen, Christian: Geschichte der süddeutschen Mai-Revolution des Jahres 1849. Genf 1849.

Bergmann, Jürgen: Ökonomische Voraussetzungen der Revolution von 1848. Zur Krise von 1845 bis 1848 in Deutschland. In: Hans-Ulrich Wehler (Hg): 200 Jahre amerikanische Revolution und moderne Revolutionsforschung. Göttingen 1976, S. 254-287.

Bittmann, Meinrad: Michelbach und die Revolutionsereignisse 1848/49. In: Landkreis Rastatt. Heimatbuch 1 (1974), S. 99-104.

Blum, Hans: Die deutsche Revolution 1848-49. Florenz u. Leipzig 1898.

Canevali, Ralph C.: The False „French Alarm". Revolutionary Panic in Baden 1848. In: Central European History 18 (1985), S. 119 - 142.

Dessau, Manuela: Gernsbach und sein altes Rathaus. Bühl-Moos 1984.

Diesbach, Alfred: Joseph Ficklers Rolle in der dritten badischen Volkserhebung. In: Badische Heimat, 54 (1974), S. 193-220.

Dobert, Eitel Wolf: Deutsche Demokraten in Amerika. Göttingen 1958.

Frei, Alfred Georg / Hochstuhl, Kurt: Wegbereiter der Demokratie. Die badische Revolution 1848/49. Der Traum von der Freiheit. Karlsruhe 1997.

Gall, Lothar: Bürgertum in Deutschland. Berlin 1989.

Goegg, Amand: Nachträgliche Aufschlüsse über die Badische

Revolution von 1849. Zürich 1876.

Hardtwig, Wolfgang: Strukturmerkmale und Entwicklungstendenzen des Vereinswesens in Deutschland 1789-1848. In: Otto Dann (Hg.), Vereinswesen und bürgerliche Gesellschaft in Deutschland. München 1984, S. 11-50.

Hebeisen, Gustav: Max Dortu, ein Opfer der 49er Bewegung. In: Zeitschrift der Gesellschaft für Beförderung der Geschichte ... von Freiburg, (26), 1910.

Hippel, Wolfgang von: Hunger und Revolution im Großherzogtum Baden. Die Wirtschaftskrise vor 150 Jahren und ihre Auswirkungen. In: Beiträge zur Landeskunde. Regelmäßige Beilage zum Staatsanzeiger für Baden-Württemberg, Heft 3, Juni 1997, S. 8 - 13.

Hochstuhl, Kurt / Schneider, Regine: Politische Vereine in Baden 1847 - 1849. Erscheint in der ZGO 1998.

Hochstuhl, Kurt: Aktenfund zu "1849". Neue Materialien zur Geschichte der badischen Revolution im Frühsommer 1849 im Generallandesarchiv. In: Blick in die Geschichte. Karlsruher stadthistorische Beiträge. Karlsruhe 1994, S. 111-115.

Hochstuhl, Kurt: Zelle der revolutionären Bewegung im Murgtal? Die Gernsbacher Lesegesellschaft von 1847. In: Zeitschrift für die Geschichte des Oberrheins (=ZGO), 140 (1992), S. 303-317.

Kappler, Franz: Streiflichter aus Gernsbach 1849. In: Landkreis Rastatt. Heimatbuch 1 (1974), S. 105-113.

Kaufmann, Gunter: Der Endkampf an der Murg. In: Landkreis Rastatt. Heimatbuch 1 (1974), S. 93-98.

Kayser, Karl: Dr. Friedrich Kayser, Diakonus zu Gernsbach an der Murg, Erweckungsprediger und Mann der Inneren Mission in Baden in der Mitte des 19. Jahrhunderts. Karlsruhe 1908.

Langenbach, Hellmut G.: Vom Werden des Turnvereins 1849 Gernsbach. In: 110 Jahre Turnverein 1849 Gernsbach. Festschrift (Gernsbach 1959), S. 7-13.

Lautenschlager, Friedrich: Amand Goegg, ein badischer Achtundvierziger. Zur Hundertjahrfeier der deutschen Revolution von 1848/49. In: ZGO 96 (1948), S. 19 - 38.

Ledderhose, Karl Friedrich: Leben und Lieder des Dr. Friedrich Kayser, weiland Diakonus in Gernsbach. Heidelberg 1859.

Neue Deutsche Biographie (NDB). Bd. 1, Berlin 1953; Bd. 2, Berlin 1955; Bd. 10, Berlin 1974.

Nipperdey, Thomas: Deutsche Geschichte 1800-1866. Bürgerwelt und starker Staat. München ²1984.

Pabst, Christian: Der Feldzug gegen die badisch-pfälzische Insurrection im Jahre 1849, mit besonderer Beziehung auf das Neckarcorps, namentlich die Großh. Hess. Armeedivision. Von einem ehemaligen Offizier als Augenzeugen. Darmstadt 1850.

Pillin, Hans Martin: Die Acherner Volksversammlung vom 2. April 1848. In: Die Ortenau, 65 (1985), S. 216-223.

Real, Willy: Die Revolution in Baden 1848/49. Stuttgart 1983.

Renner, E.: Geschichte der Murgschifferschaft. 1928.

Richter, Günter: Revolution und Gegenrevolution in Baden 1849. In: ZGO 199, 1971, S. 387-425.

Schäffle, Albert: Aus meinem Leben. Berlin 1905.

Schneider, F.: Geschichte der Stadt Gernsbach. 1925.

Schwinge, Gerhard: Evangelische Pfarrer und die Revolution von 1848/49. In: Die Evangelischen Kirchen und die Revolution 1848. Neustadt/Aisch 1993. (=Zeitschrift für Bayerische Kirchengeschichte, 62).

Sieber, Eberhard: Stadt und Universität Tübingen in der Revolution von 1848/49. Tübingen 1975.

Stemmermann, Paul H.: Philipp Thiebaut. Revolutionär und Bürgermeister. Karlsruhe 1964.

Stiefel, Karl: Baden 1648-1952. Bd. II, Karlsruhe 1977.

Universal-Lexikon vom Großherzogthum Baden. Karlsruhe 1844.

Valentin, Veit: Geschichte der deutschen Revolution von 1848-49. 2 Bde., Berlin 1930-31.

Vollmer , Franz X.: Vormärz und Revolution 1848/49 in Baden. Frankfurt 1979.

Vollmer, Franz X.: Der Traum von der Freiheit. Vormärz und 48er

Revolution in Süddeutschland in zeitgenössischen Bildern. Stuttgart 1983.
Wirtz, Rainer: Die Begriffsverwirrung der Bauern im Odenwald 1848. Odenwälder "Excesse" und die Sinsheimer "republikanische Schilderhebung". In: D. Puls/ E.P. Thompson u.a. (Hg.): Wahrnehmungsformen und Protestverhalten. Studien zur Lage der Unterschichten im 18. und 19. Jahrhundert. Frankfurt 1979, S. 81-104.Wirtz, Rainer: Widersetzlichkeiten, Excesse, Crawalle,Tumulte und Skandale. Soziale Bewegung und gewalthafter sozialer Protest in Baden 1815 - 1848. Frankfurt 1981.
Wittke, Carl: Refugees of Revolution. The German Forty-Eighters in America. Philadelphia 1952.
Wunder, Bernd: Vom Dorfschulmeister zum Staatsbeamten. Die Verbeamtung der badischen Lehrerschaft im 19. Jahrhundert. Bühl 1993.

Quellen

Generallandesarchiv Karlsruhe (=GLA)
Hauptstaatsarchiv Stuttgart (= HStAS)
Stadtarchiv Gernsbach (= StAG)

Wächter an der Murg
   Nr. 1 v. 8.10.1848, Nr. 2 v. 15.10.1848, Nr. 3 v. 22.10.1848, Nr. 10 v. 10.12.1848, Nr. 4 v. 17.1.1849, Nr. 6 v. 24.1.1849, Nr. 11 v. 10.2.1849, Nr. 12 v. 14.2.1849, Nr. 16 v. 28.2.1849, Nr. 34 v. 2.5.1849, Nr. 35 v. 5.5.1849.
Karlsruher Zeitung v. 23.1.1849.
Mittelrheinische Zeitung, Baden-Baden
   Nr. 125 v. 29.5.1849, Nr. 134 v. 8.6.1849.
Deutsche Zeitung v. 14.6.1849.

Register

Abel, Adolph 35
Abel, Georg 70
Aberle, Jakob 38
Aberle, Johann 35
Augenstein, Joseph 67ff

Bassermann,
 Friedrich Daniel 23
Baumann 80
Bechmann 99
Beck, Friedrich 59, 71
Beck, Wilhelm 38
Becker, Johann Ph. 83, 94
Beckert (Oberst) 98
Bekk, Johann Baptist 75
Belzer, Johann 76
Bender, Christoph 35
Bender, Friedrich 35
Bernard, Karl 67ff
Betz (Amtmann a.D.) 100
Blenker, Amalie („Madame Blenker") 104, 108
Blenker, Louis 104, 108, 110, 112
Blind, Karl 18, 25, 55, 87
Blum, Robert 29f, 32, 94
Bregenzer, Rudolf 60
Brentano, Lorenz 28, 42, 56, 62f
Bucherer, Christian 14, 30, 35, 52
Buck, Wilhelm 35
Bühlein, Friedrich 60

Bühler, Friedrich W. 59
Bürger, Wilhelm 59
Bürgin, Jakob 35, 44f
Bürck, Karl 100
Burkard, Anton 41
Buhlinger, Eduard 59, 100
Burg, Karl 60

Corvin-Wiersbitzky,
 Otto von 105

Damm, Karl 102
Deubel, Januarius 37
Dick, Friedrich 35, 81
Dieterle, Andreas 43
Dietrich (Bürgermeister) 104f
Dill, Louis 44f, 61ff, 100ff, 116
Doll, Friedrich 74
Dortu, Max 83f, 87, 90ff, 99f, 105ff
Dreyfuß, Emmanuel 14
Dreyfuß, Heinrich 14, 38
Drissler, Carl 44, 52, 59, 66, 69ff, 76, 81, 83, 87, 97ff, 105, 108, 117, 119, 121, 123
Drissler, Karl jr. 34f, 71, 81f, 90, 117, 119, 121
Drück, Johann 37
Dürr, Erasmus 76
Dürr, Casimir 35, 117
Dürr, Johann W. 112

Eberlin, Albert 35, 70
Eichfeld, Karl 56
Eichrodt, Maximilian 60, 62f, 100f
Ettlinger, Friedrich 79
Ettlinger, Gottlieb 35
Ettlinger, Karl 43f, 106
Ettlinger, Ludwig 34f, 99

Faißt, Georg 59
Feill, Oskar 14, 35
Feill, Robert 35
Fels, Gotthard 35, 120
Fickler, Joseph 18, 26, 85
Fieg, Christian W. 112
Fieg, Isidor 81
Fieg, Johann L. 73, 120
Fieg, Johann Georg 77, 106
Fischer, Andreas 38
Fischer, Gottlieb 37
Fischer, Jakob 43f
Fischer, Karl 36
Fischer, Philipp 36
Fischer, Theobald 35
Frey, Franz Joseph 29, 120
Friedrich, Johann 41
Friedrich Wilhelm IV 47
Fritz, Ludwig 120

Gagern, Friedr. von 9, 21
Gaugg, Ludwig 14
Gelbharth, Jakob 36, 117, 119
Gerber, Franz 81
Gerber, Michael 119
Gleisle, Theodor 110

Goegg, Amand 42, 47f, 52f, 56
Göhringer, Karl 77
Göppert, Joseph 60
Gräber, Stephan 59
Grether (Zivilkommissar) 101
Griesbach, Casimir 14, 30, 34, 36, 45f, 117, 119, 121
Grötz, Benedikt 14
Grötz, Wilhelm 14, 30f, 42f, 51f, 66, 71f, 75, 100
Gutmann, Max 36, 121

Haag (Kaminfeger) 24
Haas, Alois 36, 66, 72, 99, 106, 117
Haas, Josef (Pfarrer) 24
Häfele, Georg 112
Hammer, Johann A. 65
Hartweg (Bezirksförster) 60
Hasenpflug, Friedrich 38
Hasenpflug, Heinrich 37
Hayeß, Christoph. F. 94
Heck (Wirt von Baden) 76
Hecker, Friedrich 9, 20ff, 26, 28f, 56
Heidinger, Heinrich 36
Heinzen, Karl 25
Heitz, Dionis 59
Heizmann, Isidor 37
Herwegh, Georg 21
Herbster, Reinhard 60, 62, 100f
Hexamer (Kriegskommissar) 94

Höflein, Friedrich 41
Hoffner, Peter 60
Holzapfel, Sebastian 65

Itzstein, Joh. A. von 23

Kast, Casimir jr. 37, 81
Kast, J. (Ehefrau) 14
Kastel, Eduard 36
Katz, Casimir jr. 14
Katz, Wilhelm 14, 32, 59
Kaufmann, Benedikt 14, 82, 117, 119
Kaufmann, Friedrich 37
Kaufmann, Veit 36, 50, 52
Kayser, Friedrich 14, 32f, 60, 100
Keller, David 14, 32, 59
Keller (Witwe) 14
Kettner, von 14
Kiefer, Philipp H. 59
Kiefer, Wilhelm 36
Knapp (Witwe) 79
König, Christian 120
Kolb, Franz Joseph 36
Kolb, Stephan 37, 117
Krätz, Kaspar 60
Kraft, Peter 21, 120
Krebs, Carl 60, 123
Krieg (Bürgermeister) 65
Krieg, Heinrich 38
Krieg, Hieronimus 110
Krieg, Karl 37
Kürzel, Dr. Franz 14f, 25, 30, 32f, 35, 48, 53f, 65f, 69, 74f, 78, 91, 112f, 116, 118f
Kugel, Andreas 112

Lang, Augustin 78f
Langenbach, Jakob 38
Langenbach, Johann 38
Langenbach, Joseph 81
Langenbach, Julius 38
Langenbach, Kristian 59, 98
Langenbach, Wilhelm 72, 75
Layer, Sebastian 28, 36, 43, 45
Layer, Wilhelm 38
Lehlbach, Franz 30, 46
Leopold, Ghzg. v. Baden 21f, 53f, 58, 60, 71, 75, 95
Leuthe, Martin 38
Liebermann, Friedrich 35f
Lindau, Sebastian 23, 28f, 68, 73, 119, 122
Löhlein, Friedrich 123
Luft, Jakob 38

Maier, Adolph 85
Markinter, Josef 36
Mattes, Friedrich 36, 79
Meier, J.G. 38
Mercy, August Karl 110
Metternich, Germain 82, 111
Mieroslawski, Ludwig 103, 110
Mittermaier, Karl Anton 87
Mördes, Florian 97
Moest, Gabriel 66
Mohrenstein, Friedrich 36

Mohrenstein, Julius 36
Mohrenstein, Jakob 36
Motsch, Johann A. 36, 38, 117, 119
Müller, Franz Carl 20, 22f

Oehl, Georg Albert 23f, 31, 41, 59f
Ofterdinger, Friedrich 14
Ott, Julius 41

Peter, Ignatz 56

Rapp, Wilhelm 94ff
Raufl, Johann Peter 60
Riedinger, Max 79
Rittelmann, Franz J. 28f, 65
Robelt, F. 14
Roos, Gustav 104f
Rothengatter, Jakob (Gemeinderat) 36, 43, 66, 72
Rothengatter, Jakob (Metzger) 36
Rothengatter, Wilhelm (Messerschmied) 36
Rothengatter, Wilhelm (Wachtmeister) 36, 38, 70f, 99f, 118f
Ruckenbrodt, Johann 120

Sallinger, Ludwig 68f
Schaible, Karl 25
Schaller, Franz Xaver 101
Schenkel, Georg F. 64, 74
Scherf, Eduard 60

Schickardt, Karl 36, 81
Schickardt, Friedrich 18, 26, 28, 43, 66
Schmeißer, Karl 64f
Schneider (Hauptmann) 67, 69
Schober, Julius 34, 36, 74
Schütz, Georg 79
Schwab, Karl 112
Seis (Witwe) 14
Seyfarth, Friedrich 36
Seyfarth, Wilhelm 14, 28, 30, 35f, 66, 70, 72, 106, 119
Sigel, Franz 84, 91, 97, 111, 121
Sonntag, Engelh. jr. 14, 66, 76, 117, 120, 122
Sonntag, Heinrich sen. 14
Stephani, L. (Zivilkommissar) 116, 118
Stay, Philipp 67
Stickel, Friedrich 41
Stoll, J.G. 36, 99
Struve, Gustav von 9, 20f, 25f, 29, 53, 55f, 85
Szuhany, Ferdinand 116

Thiebaut, Philipp 74
Thomé, Lorenz 103

Vogel, Heinrich 36
Vogt, Johann Wilhelm 75f, 95, 99, 104

Wader, Friedrich 38

Wachter, von 117
Wänker, von 63, 106
Waldhör, Johann 76
Wallraff, Gustav 14, 24f, 28, 34, 36, 43f, 50, 52, 66, 76, 120
Wallraff, Heinrich 36, 117, 120
Wangenheim, von 110
Weil, Raphael 35f, 38, 50, 52ff, 59, 61, 67ff, 74, 83, 99, 105, 109, 121
Weingärtner (Pfarrer) 99
Weis, Franz X. 20, 23
Welpert, Andreas 36
Wenzel, Viola 112
Wieland, Otto 14, 70
Wilhelm IV. von Preußen 77, 87
Wittum, Joseph 59, 112
Wörner, Basilius 91, 105, 121
Wörner, Johannes 121
Wolff, Christoph 18, 67ff, 98
Wunderlich (Buchhalter) 38
Wunsch, Dominik 54, 120
Wunsch (Bäcker) 38
Wurz, Jakob 38, 82

Zeis, Joseph 60